KB040310

21세기 진리혁명

21세기 진리혁명

지속가능한 삶을 위하여

송광한 지음

논형

21세기 진리혁명
지속가능한 삶을 위하여

초판 1쇄 인쇄 2020년 4월 10일
초판 1쇄 발행 2020년 4월 20일

지은이 송광한
펴낸곳 논형
펴낸이 소재두
등록번호 제2003-000019호
등록일자 2003년 3월 5일
주소 서울시 영등포구 당산로 29길 5-1 502호
전화 02-887-3561
팩스 02-887-6690
ISBN 978-89-6357-238-3 03100
값 17,000원

이 도서의 국립중앙도서관 출판예정도서목록(CIP)은 서지정보유통지원시스템 홈페이지(http://seoji.nl.go.kr)와 국가자료공동목록시스템(http://www.nl.go.kr/kolisnet)에서 이용하실 수 있습니다. (CIP제어번호: CIP2020014077)

책을 펴내며

21세기 우리 인류는 존립 위기에 직면해 있다. 공존의 길보다는 오히려 다른 신념과 이상을 가진 개인과 개인, 집단과 집단, 국가와 국가 간의 대립과 반목으로 불안과 혼란이 가중되고 있다.

지구의 자연환경 또한 과도한 문명의 확산과 성장으로 심하게 오염되거나 파괴되어 인류의 존립마저도 보장받을 수 없는 상황이다. 물질 혁명의 거대한 불꽃이 지구를 집어삼킬 듯 타오르고 바다와 땅, 물과 공기는 급속히 오염되었다. 그에 따라 생태계와 동식물의 서식지가 파괴되어 종의 멸종이 가속화되고 있다. 지구온난화로 양극의 빙하는 급속히 녹아내리고 기후는 균형을 잃어가고 있다. 신종 바이러스 전염병이 지구 전역을 휩쓸고 있다. 또한 에너지 수요에 발맞춰 증가일로에 있는 원자력 발전은 역설적으로 인류 스스로 언제 터질지 모를 핵무기를 품고 있는 양상이다. 지금보다 자연환경이 더 악화된다면 인류의 미래는 걷잡을 수 없는 파국을 맞이할 것이다.

지금과 같은 시스템이나 대처방식으로는 이러한 문제를 극복하거나 해결할 수 없다. 우리의 상황은 더 나아갈 수도 돌아갈 수도 없는 진퇴양난에 빠진 듯하다. 거대한 인류 역사를 진두지휘하고 있는 세계의 정치 지도자들조차 그 역량의 한계에 직면해 있거나 오히려 해결은커녕 사태를 더욱 악화시키고 있을 뿐이다. 미국과 중국, 이스라엘과 팔레스타인, 러시아와 주변 독립국들, 인도와 파키스탄, 이란과 이라크 등의 국가 간 갈등을 보아도 서로를 존중하고 평화롭게 살기 위한 지도력은 찾아보기 힘들다. 그런 까닭에 안정과 평화와 조화로운 지구촌사회는 요원해 보이기까지 하다.

이쯤 되면 우리는 지금까지 걸어온 길이 옳지 않았음을 시인해야 한다. 그리고 지속가능한 미래를 위해 새로운 전환을 시도해야 한다. 그런데 어떤 길이 옳은 길이며 어디에서 그 길을 찾을 수 있는지 그 답을 얻기 위해서는 인문학이 필요해 보인다. 그러나 오늘의 인문학은 방대한 담론들만 양산할뿐 답을 말해주지 않는다. 그 답을 찾는 일은 여전히 개인의 몫이다.

21세기는 우리에게 더 이상 시행착오의 역사를 되풀이 할 시간이 없다. 우리의 운명을 더 이상 일부의 생각에 맡기거나 다수결의 힘으로 해결할 수도 없다. 이제는 어떻게 살아야 하는가의 길을 알려주는 진리를 통해 객관적인 길을 제시하는 올바른 인문학이 필요하다. 오직 진리만이 우리의 선택에 정당성을 부여할 수 있으며 객관적인 기준이 될 수 있기 때문이다. 진리가 곧 정의이며 진리에 따라 사는 삶이 올바른 삶, 정의로운 삶이다. 인간만의 신념을 뛰어넘어 만물의 유기체와 변화에서 진리의 존재를 생각해야 한다. 그 진리를 통해 오늘날 인류가 직면한 위기의 문제들을 극복하고 지속 가능한 삶을 이어갈 수 있어야 한다.

진리란 거창한 것이 아니다. 어디에나 있고 우리에게 매우 익숙한 것이기도 하다. 현상과 현상이 서로 연결되어 있는 실제의 선, 즉 현상들 사이의 사실적인 상호관계성의 원리 그것이 곧 진리다. 예를 들어 지구의 온난화는 왜 나타나는지, 질병은 왜 생기는지 등과 같이 그 인과관계의 원리를 묻는 것이 곧 진리 탐구다.

우리에게 무엇보다 필요한 것은 내면의 질서 회복이다. 진리를 찾는 것이 곧 질서 회복의 길이다. 진리는 우리 마음속에 혼란스럽게 흩어져 있는 수많은 생각의 조각을 정리하게 하고 하나의 큰 그림을 정립해 준다. 진리는 언제나 우리에게 자유로움을 주고, 편안함과 안정감을 주며 올바른 확신과 선택을 할 수 있게 한다.

이 책에서 다루고 있는 현상들은 전혀 새로운 것이 아니다. 대부분 우리에게 이미 익숙한 것들이다. 다만 그것들이 어떻게 서로 연결되어 존재하며 변화하는지를 제시할 뿐이다. 여러 현상 간의 사실적인 상호관계성, 즉 그 현상들이 긴밀하게 상호 연결되어 하나의 전체적인 그림을 보여주고 있다. 그러나 다소 생소한 용어와 이질적으로 보이는 주제와 기존의 상식에 반하는 내용도 접할 수 있다. 다양한 현상의 생성 근원을 통해 그것들을 통합적으로 이해하려는 방식을 취하고 있기 때문이다. 기존의 인문학적 지식으로 연계성을 찾고자 하는 독자들은 당혹감을 느낄 수도 있다. 우리가 알고 있는 지식의 연장선상에서 이해하려고 하는 마음을 잠시 내려놓고 큰 틀 안에서 다양한 주제들을 생각해주기 바란다.

이 책은 프롤로그와 본문 5장, 그리고 에필로그로 구성되어 있다. 본문 1장에서는 시대와 장소를 초월하여 인간에게 영원한 삶의 목적과 방법이 무엇인가를 탐구하였다. 2장에서는 오늘의 인류는 왜 영원한 삶의 목적과 방법에서 멀어져 개인적 · 사회적 불행과 함께 자연의 위기로 자신의 존립마저 위협받게 되는 상황에 이르게 되었는지 그 변화의 원리를 탐구하였다. 3장에서는 건강한 인간의 내면과 환경의 모습은 어떤 것인지, 그리고 건강을 잃은 내면은 어떻게 드러나는지를 탐구하였다. 4장에서는 건강하지 못한 인간의 내면이 사회적 상황에서 어떻게 투영되는지 그 실상을 살펴보았다. 5장은 훼손된 인간의 내면과 환경을 치유하고 회복하는 방법을 제시하였다. 에필로그에서는 21세기 인류가 개인과 사회의 건강을 회복하고 자연의 위기에 따른 존립의 위기를 극복하여 질서 있고 지속 가능한 삶을 이어갈 수 있는 길을 소개했다. 본문 내용 중에 보이는 '박스 글'은 주제와 관련이 있는 용어 해설, 신문기사, SNS글 등이다. 글의 흐름을 놓치지 않도록 각 장이 끝난 후에 읽어보기 바란다. 독자들은 이 책을 통해 혼돈에서 벗어나 내면의 질서를 회복하고 지혜로운 선택을 할 수 있기 바란다.

이 책이 나오기까지 도움을 준 가족들에게 고마움을 전한다. 특히 아내에게는 형언하기조차 힘든 빚을 졌다. 항상 옆에서 진지하게 들어 주었기에 생각이 움틀 수 있었다. 아들 영근과 딸 윤하에게도 그 고마움을 잊을 수 없다. 식탁에 둘러앉아 번갈아 가며 한 줄 한 줄 읽어 주었기에 조잡하고 서툰 원고가 그나마 모양새를 갖춘 글이 되어 세상에 나오게 되었다.

논형의 편집위원들도 모두 진지하고 열정어린 참여로 이 책이 출간될 수 있었다. 이에 감사를 드린다.

차례

프롤로그

'우주 공간의 모든 현상은 진리에 따라 나타나고, 변화하며, 사라진다. 그러므로 우리 인간이 어떻게 살아야 하는가의 길을 찾으려 한다면 진리를 통해 찾아야 한다.'

나는 이런 신념으로 현상들을 이해하기 위해 진리를 탐구하였다.

모든 일은 때가 있고 하루아침에 이루어지지 않는다. 어제 땅 위로 갓 머리를 내민 어린 새싹이 내일 곧장 열매를 맺을 수 없고, 오늘 태어난 어린아이가 내일 바로 성인이 될 수도 없다. 인류의 운명 또한 그런 시간의 흐름을 벗어나 전개되지 않는다. 그런 일이 벌어진다면 그것은 그야말로 기적일 것이다. 인류의 역사는 인간의 일생처럼 유아기, 아동기, 청소년기, 성인기, 노년기를 거치면서 성장하고 성숙하며 변화한다.

이 책도 그런 때가 이루어낸 산물이기를 바란다. 인류 역사 초기에 이 이야기는 존재할 수 없었을 것이며, 그렇다고 지구가 멸망하기 전날 할 수 있는 이야기도 아니다. 예컨대 이제 막 하늘이 열렸는데 지구가 무너질 거라는 이야기를 한들 아무도 들을 리 없을 것이고, 지구가 무너지기 전날 지구를 살리자는 이야기에 귀 기울일 사람도 없을 것이다.

오랜 시간에 걸쳐 우리 인류는 혼돈의 긴 터널을 통과하고 있다 할지라도 이는 곧 때를 이루는 성장의 과정이며 마침내 그 긴 터널의 끝을 벗어나 질서의 광명 세상을 맞게 될 때가 올 것으로 믿는다. 그동안 우리가 겪은 인류사의 일부분만 보면 아무런 희망과 의미를 찾을 수 없을 것이다. 뚜렷한 방향도 없이 그저 무질서하고 예측 불가능하게 전개되어 온 것처럼 보일 수도 있다. 하지만 큰 시야로 보면 일정한 때의 순서와 질서에 따라 변화하는 과정이라고 생각한다.

인류의 역사는 망망대해를 항해하는 거대한 배와 같다. 처음 한 곳에서 한 모습(G)으로 나타나 아주 오랜 시간 동안 서로에게서 계속 멀어져 분열(g)을 가속화하는 혼돈과 무질서의 긴 과정을 거치지만, 결국에는 다시 한 곳, 한 모습(G)을 향해 그 거대한 배의 항로를 돌리게 될 것이다. 그 배는 급격하게 방향을 바꿀 수는 없다. 충분한 시간을 가지고 속도를 줄이면서 방향을 전환한 후에 순항을 이어갈 것이다.

그 거대한 배를 돌릴 수 있는 것은 물리적인 힘이 아니라 진리에 대한 깨달음을 통한 의식 혁명을 거쳐 인간 내면의 질서를 회복했을 때 가능하다. 우리 각자의 내면에서 의식의 배가 방향을 돌리게 될 때 비로소 인류 역사의 배도 항로를 돌릴 수 있을 것이다. 배의 항로 전환은 모든 문명을 해체하여 태초로 돌아가자는 의미가 아니다. 오히려 문명을 추구하는 지혜로운 길을 찾아 질서 있는 항해를 지속하자는 데 참뜻이 있다. 이런 거대한 변화과정이 순탄하지만은 않을 것이다. 혼란과 불편이 따를 것이다. 하지만 이는 인류가 성장하는 과정에서 이루어야 할 때의 발달 과업일 것이다. 우리가 그 위대한 여정을 포기하지 않고 인내와 희망으

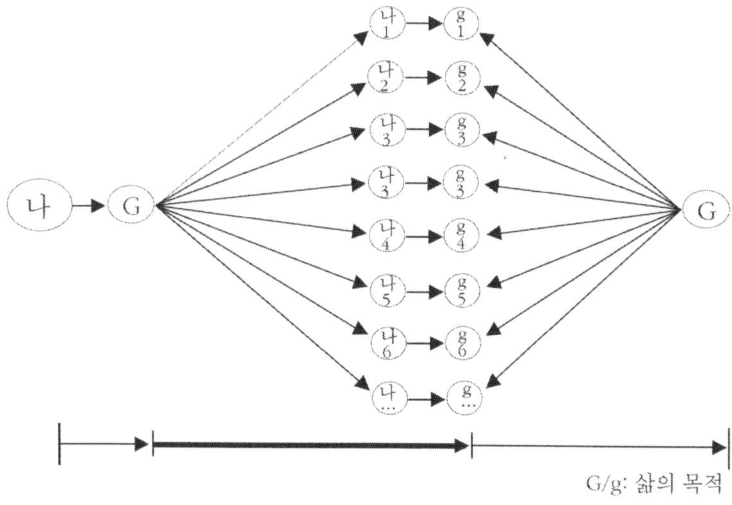

로 견디어 낸다면 마침내 우리 내면과 외면이 모두 성숙의 때를 이루게 될 것이고 지속 가능한 삶을 누리게 될 것이다.

153개국 과학자 1만 1,000명 "전(全)지구적 기후 비상사태" 선포

153개국 과학자 1만 1,000명이 기후 비상사태를 선포하고 현재 인류의 생활방식이 변화하지 않는다면 "막대한 고통이 따를 것"이라고 경고했다. 5일(현지 시각) 영국 인디펜던트에 따르면, 윌리엄 리플 미 오리건주립대 생태학과 교수 등 전 세계 과학자 1만 1,000명은 학술지 바이오사이언스에 "전세계가 중대 조치를 취하지 않는 이상 기후위기로 전례 없는 고통을 겪게 될 것"이라며 이런 우려를 담은 글을 기고했다.

과학자들은 기고문에서 "지구라는 행성은 명확하고 분명하게 기후 비상사태에 직면해 있다"며 "기후변화는 많은 과학자들이 예상했던 것

EARTH STORE
Seoul KFEM

*** RECEIPT ***

CASHIER #1 21/11/2019 - 07:00 PM

지금까지 지구 기온상승	1℃
- 우리에게 남은 온도	0.5℃
대한민국 온실가스 배출량(17년)	7억 910만톤
- 전년대비 증가율	2.4%
지구에 남은 탄소 예산	4200억톤
대한민국 탄소배출 순위	세계 7위
- 석탄화력발전소	60기
- 건설중인 신규 석탄화력발전소	7기
석탄화력발전소로 인한 온실가스 폭탄 시점	2022년
TOTAL AMOUNT	6번째 대멸종

THANK YOU FOR WASTE!

[출처: 서울환경연합] [기후특별강연]
지구가 보낸 청구서, 기후위기

보다 더 빨리 일어나고 있다"고 했다. 리플 교수는 "지난 40여 년간 기후와 관련한 수많은 국제협약이 있었지만, 우리는 평소와 다름없이 사업을 벌여왔고, 마주한 위기를 해결하는 데 실패했다"고 했다.

과학자들은 늘어나는 육류소비량, 항공운항 증가, 가속화하는 산림 파괴, 전세계적 이산화탄소 배출량 증가 등을 심각한 기후 위기의 원인으로 지목했다. 이들은 대부분의 기후관련 지표가 인간이 빠르게 잘못된 방향으로 가고 있음을 보여준다고 했다. 리플 교수는 이와 관련해 "지구 표면온도, 해수열량, 해수면 등이 모두 상승하고 있다"고 지적했다.

성명에 따르면 1980년부터 이산화탄소, 메탄 등 온실가스가 증가함과 동시에 글로벌 온도, 해수면, 이상기후(가뭄, 태풍 등) 발생 숫자도 크게 올랐다. 특히 해수면은 75㎜ 가까이 올랐으며, 이상기후 발생 숫자는 1980년 200여 개에 불과했지만 지난 해에는 800여 개로 크게 늘었다. 반면 그린란드의 빙하는 2003년 이후 4,000Gt(기가톤) 가까이 녹은 것으로 나타났다.

과학자들은 기후변화 속도를 완화하기 위해서는 빠르게 변화하는 기후변화라는 문제점에 대해 위기감을 갖고 면밀히 살펴볼 필요가 있다고 했다. 이들은 기고문에서 화석연료 대체, 메탄 등 오염물질 제거, 생태계 보호와 복원, 육류 섭취 감량, 탄소 없는 경제로의 전환 등을 촉구했다.

[출처: 조선닷컴] 153개국 과학자 1만 1,000명 "초지구적 기후 비상 사태" 선포

"감옥 · 체포 두렵지 않다"…전세계 '멸종반란' 기후행동 시위

기후변화에 저항하는 국제적 운동단체 '멸종반란'(Extinction Rebellion · XR)이 주도하는 시위가 7일부터 세계 주요 도시에서 2주간 일정으로 일제히 시작됐다. 도시마다 수백 명이 참여한 반란 시위대가 자기 몸을 차량에 쇠사슬로 묶거나 대로 한복판에 드러눕는 등 격렬한 점거시위에 나서면서 수십, 수백 명이 체포됐다. 국제시민불복종운동을 표방한 이 단체는 '각국 정부가 기후 · 생태 비상사태를 선포하고 기후변화 대응 행동에 즉각 나서게 한다'는 목표를 위해 "감옥과 체포를 두려워하지 않는다"는 행동지침을 내세우고 있다.

이날 시위는 런던·뉴욕·밴쿠버·베를린·파리·시드니·뭄바이 등 세계 각지에서 개최됐다. 영국 〈비비시〉(BBC)는 앞으로 2주 동안 세계 60여 개 도시에서 멸종반란 시위가 열릴 것으로 전망했다. '멸종저항'의 본거지인 런던에서는 멸종반란 시위대가 웨스트민스터 다리, 램버스 다리 등 시내 주요 도로와 다리·건물 등을 점거했고 트래펄가 광장에는 '우리의 미래'라고 적힌 운구차량이 자리 잡았다. 런던 경찰은 이날 시위대 276명을 체포했다. 오스트레일리아 시드니와 멜버른에서도 시위대가 시내 주요 도로에서 농성을 벌여 수백 명이 현장에서 경찰에 끌려 나왔고 30명이 기소됐다. 시위대가 주요 도로에 천막을 친 암스테르담에서도 100명 이상이 체포됐고, 뉴욕에서는 월스트리트 인근에 설치된 '돌진하는 황소상'에 가짜 피를 부은 시위대가 경찰에 붙잡혔다. 파리에서는 1천여 명이 쇼핑센터를 점거했고, 인도 뭄바이에서도 250여 명의 활동가가 죽은 것처럼 드러눕는 시위를 했다고 〈비비시〉는 전했다. 멸종반란은 "각국 정부가 기후·생태계 위기에 당장 대응하는 행동에 나서도록 2주간 "권력 중심부를 평화적으로 점거·차단시킬 계획"이라고 밝혔다.

이 단체는 지난해 5월 영국 중부의 작은 도시인 코츠월드에서 영국 환경운동가 로저 할람과 게일 브래드 브룩 박사 등이 주축이 돼 꾸려졌다. 로저 할람은 지난 4월 영국 일간 〈가디언〉에 "편지, 이메일 보내기, 단순집회 방식은 작동하지 않는다. 우리는 감옥에 잡혀가는 걸 두려워하지 않는 400여 명, 체포를 무릅쓰는 2~3천 명이 필요하다"고 말했다. 이들은 10개 행동강령에서 "전세계 누구나 '멸종반란' 깃발을 들고 행동에 나서는 것을 환영한다. 지구시스템은 기후 · 생태계를 파괴하는 불량한 독성시스템이다. 이 시스템를 변화시키려면 전체 인구의 3.5%를 조직적으로 동원할 필요가 있다"고 주장한다. 단체의 상징 로고는 모래시계로, 지구상 수많은 종들이 급속히 멸종하고 있다는 경고를 담고 있다.

[출처: 한겨레] "감옥 · 체포 두렵지 않다"…전 세계 '멸종반란' 기후행동 시위

1장

삶의 목적과 방법

진정한 인문학의 첫걸음은 삶의 목적을 깨닫는 제1과제로부터 시작해야 한다. '어떻게 살아야 하는가'의 방법의 문제는 '무엇을 위해 살아야 하는가'라는 목적을 전제로 하기 때문이다. 가고자 하는 목적지가 없는데 그곳으로 갈 방법을 묻는 것은 있을 수 없는 일이다.

삶의 목적은 가치와 관련되어 있다. 인간은 스스로 가치를 추구하는 존재이다. 인간의 삶은 매 순간 가치 지향적인 행위의 연속이다. 따라서 삶의 목적에 대한 탐구는 결국 가치 탐구임을 부인할 수 없다. 그렇다면 어떤 가치가 인간의 삶의 목적이 되어야 하는가?

시대와 장소를 막론하고 인간에게 가장 중요한 가치가 있다면 그 가치를 삶의 궁극적인 목적으로 삼아야 할 것이다. 가치 추구의 본성을 지닌 인간이 자신에게 가장 중요한 가치를 외면하거나, 추구하지 않는다면 건강한 내면을 지닌 인간이라고 볼 수 없다. 또 그런 가치가 있다면 누구나 도달해야 할 하나의 목적지, 그곳에 이를 수 있는 길이 존재한다는 것을 의미한다. 그렇다면 이 세상에는 어떤 가치들이 존재하고 그중에서 삶의 목적으로 삼을 수 있는 최고의 가치는 무엇인지, 그리고 그 가치를 잃지 않고 살 수 있는 길이 무엇인지를 찾아야 한다. 이런 탐구는 어디부터 시작해야 하는가?

부분은 전체 속에서 바르게 이해된다. 장님이 코끼리를 만진다는 맹인모상의 경우처럼 전체를 보지 못하고 부분만 보게 되면 자신이 본 부분이 전체인 것처럼 고집을 부릴 수 있다. 오늘날 우리는 전체보다는 부분만 보고 사는 경향이 짙다. 부분만으로는 올바른 판단을 할 수 없을 뿐만 아니라 자신이 보고 있는 것이 무엇인지조차 바르게 이해할 수 없다. 전체를 모른 채 부분에 갇히면 그 부분은 우리에게 전체가 되고 전부가 될 수 있다. 지금 우리는 자신이 보아온 부분의 지식으로 마치 전체를 알고 있다는 식으로 서로 우기고 경쟁하고, 다투고 반목하며 살아간다. 시대 초월, 장소 초월, 진리, 인류 등과 같은 보편적인 개념으로 표현되는 전체를 무시하고, 시대적, 지역적, 개인 등과 같은 부분성을 추구하는 소위 포스트모더니즘의 시대를 살고 있기 때문이다. 각자의 개별성을 존중하고 추구할 뿐, 어떤 인간이 되어야 한다, 또는 어떤 생각은 옳고 어떤 생각은 그르다는 등의 시각에 대해서는 구시대의 유물로 치부되고 있다.

인간은 거대한 우주자연의 일부이고 삶 역시 그 안에서 이루어진다. 그뿐만 아니라 인간의 삶과 자연 세계는 모두 상호관계성으로 연결되어 존재한다. 따라서 인간은 어떤 의미를 지닌 존재이고, 그 삶의 목적은 무엇인가에 대한 해답은 그가 속한 세계 전체 속에서 그와의 상호관계성을 통해 찾아야 한다.

어떻게 살아야 하는가의 삶의 방법을 구하는 일 또한 시대와 장소를 막론하고 인간이면 누구나 이렇게 살아야 한다는 당위적 입장보다, 그가 처한 시대적 공간적 상황에 따라 다르다고 보는 견해가 더 지배적이다. 전자처럼 생각하는 사람은 그 길이 무엇인지 찾으려고 할 것이고, 후자처럼 생각하는 사람은 자신만의 새로운 길을 만들려고 할 것이다. 그들에게는 자신이 곧 길이다. 한쪽에서는 정해진 길을 찾기 위해 또 다른 한쪽에서는 자신만의 길을 만들어내기 위해 인문학으로 모여든다. 그 길이 어떤 길인지도 모른 채 사람들마다 각기 자신만의 길을 모색하게 된다.

다양성과 개별성이 혼재된 시대에 삶의 길에 대한 질문을 어떻게 해결해야 하는가? 삶의 목적과 마찬가지로 우리가 속한 거대한 진리의 세계를 전체적으로 보고 그 안에서 우리 자신과 삶을 바라보아야 한다. 그럴 때 그 의미를 깨닫게 될 것이며 우리가 나아가야 할 올바른 삶의 길이 비로소 보일 것이다. 이 장에서는 우주 공간 안의 자연적 존재의 원리와 그 상호작용의 원리를 통해 영원한 인간의 삶의 목적과 방법을 탐구하였다.

숲과 나무

나무만 보는 사람은 숲을 볼 수 없고, 숲만 보는 사람은 나무를 볼 수 없다. 모든 개별적인 나무들을 다 본다는 것은 불가능하다. 나무를 하나씩 다 보고 간다 해도 숲에 이를 수는 없다. 더 중요한 사실은 나무만 보며 가는 사람은 숲 전체를 볼 수 없기에 길을 찾을 수 없으며 숲속에서 헤어나기 어렵다.

그렇다고 숲만 보아서도 안 된다. 물론 숲을 본 사람은 길이 어디에서 어디로 나 있는지 전체적으로 알 수 있게 되지만 그 길을 실제로 찾아 걸어가기 위해서는 길 주변의 나무들도 구체적으로 보아야 한다. 다시 말해 길을 전체적으로 보았어도 그 길을 실제로 걸어가려면 좀 더 구체적으로 알아야 한다. 숲을 먼저 보고 필요하면 나무를 보는 지혜가 필요하다.

맹인모상

이는 장님이 코끼리를 만진다는 뜻으로, 전체를 보지 못하고 자기가 본 부분이 전부인 양 고집한다는 뜻이다. 옛날 인도의 어떤 왕이 진리에 대해 말하다가 코끼리를 한 마리 몰고 오도록 한 후 장님 여섯 명을 불러 손으로 코끼리를 만져 보고 각기 자기가 알고 있는 코끼리에 대해 말해 보도록 했다. 그랬더니 제일 먼저 코끼리의 이빨을 만진 장님은 코끼리가 무같이 생긴 동물이라고 하고, 코끼리의 귀를 만진 장님은 앞 사람 말이 틀렸다며 코끼리는 곡식을 까불 때 사용하는 키처럼 생겼다고 말하고, 다리를 만진 장님은 둘 다 틀렸다고 큰소리치며 코끼리는 마치 커다란 절구공이같이 생긴 동물이라고 주장했다. 이런 식으로 코끼리 등을 만진 이는 평상같이 생겼다고 우기고, 배를 만진 이는 코끼리가 장독같이 생겼다고 주장하며, 꼬리를 만진 이는 다시 코끼리가 굵은 밧줄 같이 생겼다고 소리치는 등 서로 다투며 시끄럽게 떠들었다고 한다.

포스트모더니즘(postmodernism)

포스트모더니즘은 20세기 중반에서 후반에 철학, 예술, 건축 및 비평을 통해 발전한 현대사조로 일종의 사상운동이다. 이 용어는 포스트모더니스트들이 근대와 이 시대의 경향에 따른 역사적 시대라고 믿는 것을 더 일반적으로 적용했다.

포스트모더니즘은 일반적으로 다양한 접근 방식과 원칙을 포괄하지만 모더니즘의 위대한 이야기와 이데올로기에 대한 회의론, 아이러니 또는 거부에 대한 태도로 정의되며, 종종 계몽적 합리성 등의 다양한 가정에 의문을 제기한다. 결과적으로 포스트모더니즘은 객관적 현실, 도덕성, 진실, 인간 본성, 이성, 과학, 언어 및 사회적 진보에 대한 보편적인 개념들을 비판한다. 포스트모더니즘 사상가들은 종종 우연하거나 사회적으로 조건화된 지식이나 가치체계에 관심을 갖고, 그것들이 특정한 정치적, 역사적, 또는 문화적 담론이나 계층의 산물로 파악한다. 포스트모던적 사고는 광범위하게 자기참조성, 인식론적, 도덕적 상대성, 다원주의 및 비경직성이라는 특징을 갖는다.

포스트모더니즘의 비판적 접근 방식은 1980년대와 1990년대에 호응을 얻었으며 문화 연구, 과학 철학, 경제, 언어학, 건축학, 페미니즘, 문학적 비판 및 예술 운동을 포함한 다양한 학문 및 이론 분야에서 채택되었다. 문학, 현대 미술 및 음악과 같은 분야에서 포스트모더니즘은 종종 해체, 후기 구조주의, 제도적 비판과 같은 학파뿐만 아니라 장 프랑수아 료타르(Jean-François Lyotard), 자크 데리다(Jacques Derrida), 프레드릭 제임슨(Fredric Jameson)과 같은 철학자들과 관련이 있다.

존재와 본질

우주공간에 아무런 형상도 없다고 가정하자. 이는 아무것도 존재하지 않는 존재무(存在無)의 상태다. 존재무에서는 어떤 의미도 가치도 생각도 없다. 무의미, 무가치, 무사(無思)의 상태다. 지금 우리가 이런 생각을 할 수 있음은 우리가 우주 공간에 한 형상으로 존재하기 때문이다. '나는 존재한다. 그러므로 생각한다.'

우주 공간에 형상들이 존재한다. 이 형상들의 존재는 세상의 의미이자 가치다. 존재와 가치와 의미는 서로 분리될 수 없고, 존재는 그 자체로서 의미고 가치다.

우주 공간은 의미와 가치로 가득하다. 이 세상에 그 자체로서 의미나 가치가 없는 존재는 없다. 높고 넓은 공간의 하늘에서부터 무한한 빛과 에너지를 주는 태양, 땅 위의 풀 한 포기, 작은 개미 한 마리까지도 그 자체로서 의미 있고 가치 있다.

모든 존재를 의미 있고 가치 있게 하는 그 본질은 무엇인가? 무엇이

하늘을 하늘답게, 땅을 땅답게, 태양을 태양답게, 달을 달답게, 공기를 공기답게, 나무를 나무답게, 풀을 풀답게 존재하도록 하는가? 그리하여 그것을 상실하면 그 존재적 의미와 가치까지도 함께 상실되고 마는 그런 것은 무엇인가? 그것은 '생명과 건강'이다. 생명과 건강은 곧 존재의 본질이다. 세상의 어떤 자연적 존재도 생명이나 건강을 잃으면 존재 자체의 기반을 잃게 된다. 따라서 자연적 존재에게 생명과 건강은 본질적 가치이자 절대적 가치다. 세상에 본질적 가치나 절대적 가치를 잃고도 온전히 존재할 수 있는 것은 없다. 하늘이 자신의 생명이나 건강을 잃어 마침내 그 높고 광대함이 사라지게 된다면 그것은 더 이상 하늘이 아니다. 땅이 생명이나 건강을 잃어 그 견실함이 사라지게 된다면 더 이상 땅이 아니다.

존재는 본질적 가치가 충만할 때 비로소 완전한 의미를 지닐 수 있다. 우주 공간 안의 모든 자연적 존재에게 생명과 건강이라는 본질적 가치는 동서고금을 통해 가장 중요한 최고의 가치이며 영원한 가치다. 하늘, 땅,

태양, 달, 나무, 풀, 공기, 물이 모든 것에 가장 중요한 것은 생명과 건강이다. 자연적 존재 중 하나인 인간도 예외일 수 없다.

목적과 수단

자연적 존재로서 인간은 그 자체가 의미이고 가치다. 그런 인간에게 가장 중요한 것은 바로 자신이다. 이 세상에서 자신보다 더 중요한 것은 없다. 내가 없으면 너도 없고 하늘도, 땅도, 해도, 달도, 나무도, 풀도 그 밖의 모든 것이 다 무의미하다. 그러므로 인간은 자신의 존재를 위해 '생명과 건강'이라는 본질적 가치를 절대적으로 추구할 수밖에 없다. 언제 어디에서든 누구도 생명이나 건강을 상실하고 존재할 수 있는 사람은 없다. 따라서 인간에게 이것은 삶에서 가장 중요한 최고의 가치이자 절대가치이다. 인간이 생명과 건강을 삶의 궁극적 목적으로 삼아야 하는 것은 당연하다. 이는 삶의 '목적적 가치', 즉 자신이 살아야 하는 이유 그 자체인 것이다.

인간이 궁극적으로 추구해야 할 생명과 건강이라는 가치는 머나먼 우주 저편에 은밀하게 숨겨져 있는 것이 아니다. 바로 자신 안에 있으며 누구나 쉽게 알 수 있는 매우 평범한 것이다. 또한 이것은 인간에 의해 창조된 인위적인 것이 아니다. 자연으로부터 부여된 가치이며, 최후에 인간에 의해 완성되는 것이 아니라 처음부터 인간에게 온전하게 주어진 가치다. 따라서 그 가치는 누구나 처음부터 영원히 지켜나가야 하고 그것을 지키는 일은 인간의 절대 의무이자 영원한 의무다. 언제 어디에 살든 인간이면 누구나 한순간도 생명과 건강의 가치를 망각해서도 안 되고 파괴해서도 안 된다.

한편, 인간은 인위적인 의미나 가치를 창조하는 존재이기도 하다. 그러나 어떤 인위적인 의미나 가치도 자연적으로 주어진 목적적 가치나 의미를 침해할 수 없다. 생명과 건강이라는 삶의 목적에 반하거나, 그 목적을 대체하거나, 그 목적 위에 군림할 수 없다. 인간이 창조한 가치는 인간의 본질과 절대적 삶의 목적을 지향하고 그 실현을 위해 추구될 때 비로소 가치가 있다. 인간이 창조하여 추구하는 이런 다양한 가치는 '수단적 가치'이다.

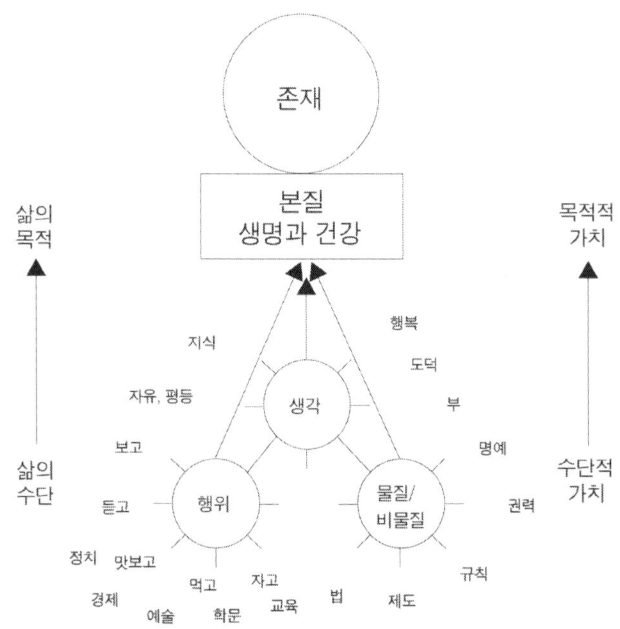

지구상에 생존하는 다른 생명체들은 자신이 누구인지 어떻게 살아야 하는지 자문하지 않는다. 그들도 인간처럼 계속 변화하는 환경에 적응하

면서 생존하기 위해 나름의 길을 찾아가지만, 그들의 독자적인 자유의지와 지적 기능은 매우 제한적이다. 하지만 인간은 육체뿐만 아니라 정신과 마음이라는 내면을 지닌 존재다. 또 자신이 누구이며 어떻게 살아야 하는가에 대해 스스로 생각하고 그 길을 찾아 나아갈 수 있는 자유 의지와 높은 지능을 지니고 있다. 덕분에 인간은 주어진 환경에 적응하는 것을 넘어 환경 자체를 극복하거나 아예 새로운 삶의 환경을 창조하며 스스로의 생존을 보장해 나갈 수 있는 특권을 누릴 수 있다. 또한 자신들의 소중한 생명을 스스로 지키기 어려운 다른 동물들의 입장을 측은하게 여기고 그들을 보호할 수 있는 존재이기도 하다.

그러나 아이러니하게도 인간은 높은 지능과 폭넓은 자유의지 때문에 자신의 생명과 건강이라는 목적적 가치를 스스로 파괴하고 그 존재까지 상실할 수 있는 위험한 존재이기도 하다. 또한 인간은 다른 생명체들과 달리 생존에 필수적인 자신의 삶의 환경을 파괴함으로써 이율배반적인 행동을 보이기도 한다. 따라서 인간에게 주어진 높은 지능과 자유의지를 지혜롭게 행사할 수 있는 건강한 내면이 필요하다. 내면이 건강하지 못한 인간에게 허용된 지능과 자유의지는 오히려 자신을 포함한 다른 생명체들을 파멸시킬 수 있는 무기로 사용될 수 있기 때문이다.

오늘날 내면의 건강을 잃은 우리는 생명과 건강이 삶의 최고 목적임을 인정하지 않는다. 가치의 위계질서가 무너진 시대에 살고 있는 것이다. 시대와 장소를 막론하고 인간이면 누구도 부인할 수 없고, 만약 잃게 되면 인간 존재 자체가 무의미해지는, 가장 중요하고 자연적으로 주어진 아주 평범한 가치를 간과하고 있다. 인간 자신에 의해 창조되었고, 창조되고 있으며, 앞으로도 끝없이 창조될 다양한 인위적인 가치들로 인해 우리의 정신과 마음이 현혹된 탓이다. 그리하여 가치의 위계질서를 상실한 채 스스로 대혼란에 빠져 있는 상황이다.

생명과 건강이라는 가치는 더 이상 매혹적이지 못하고 우리의 관심을 크게 끌지도 못한다. 오히려 우리는 그 목적적 가치의 희생을 통해 수많은 수단적 가치들을 간절히 추구하고 숭배하기에 이르렀다. 심지어 그 가치들을 좇느라 사방팔방으로 질주하고 더 나아가 새로운 수단적 가치들을 무한히 창조하느라 여념이 없다. 어느 날 주위를 돌아보면 우리가 이루어야 할 목적과 꿈이 너무 많아져 있다는 것을 알게 된다. 그 목적과 꿈을 위해 신경 쓸 것과 생각할 것이 너무 많다 보니 몸과 마음이 고달프고 부산하기만 하다.

그러나 정작 왜 우리가 이런 길을 걷고 있는지 잘 알지 못한다. 무엇을 위한 것인지 자문하지 않은 채 생명과 건강의 희생을 무릅쓰고, 자유, 평등, 도덕 그리고 행복, 부, 권력, 명예 그 자체를 맹목적으로 추구하고 있다.

우리는 안전하고 건강하면서도 종종 발전이 없고, 추구할 자유나 평등, 행복, 부, 권력, 명예가 없으면 삶이 무의미하고 무가치하다고 생각한다. 수단적 가치들을 위해 목적적 가치인 생명이나 건강을 희생하는 것을 오히려 자랑스럽게 생각하기도 한다. 안전과 건강만을 위해 살라면 차라리 죽는 것이 낫다고까지 생각한다. 우리는 자신에게 가장 중요한 의미와 가치를 발견하지 못하고 자신에게 더 이상 만족하지 못한다. 우리에게 자기 자신은 더 이상 추구해야 할 최고의 가치도 삶의 목적도 아니다. 오히려 자신 이외의 가치를 추구하기 위한 수단으로 전락한지 오래다.

그러나 수단은 수단일 뿐 그 어떤 수단도 목적이 될 수는 없다. 인간의 어떤 행위도 그 목적이 오직 자신의 생명과 건강을 지향해야 하며, 인간이 만든 그 어떤 이념이나 사상, 법이나 제도 또한 인간의 생명과 건강을 지향해야 한다. 보고, 듣고, 느끼고, 맛보고, 냄새 맡으며, 먹고, 자고, 생각하고 일하는 일체 개인적 행위도 오직 생명과 건강을 위해 이루어져야 한다. 정치, 경제, 종교, 학문, 교육, 예술 등 일체의 사회적 행위 역시 인간의 생명과 건강을 위해 이루어져야 한다.

오늘날 인류가 처한 모든 불행을 혁파하기 위해서는 삶의 목적에 대한 혼란에서 벗어나 내면의 질서를 회복하는 것부터 시작해야 한다. 인간 최고의 가치를 정점에 두어야 한다. 다른 모든 수단적 가치들은 그 아래에 합목적적으로 통합하여 가치의 위계질서를 회복해야 한다. 그렇게 된다면 더 이상 반목과 대립, 경쟁과 충돌 없이 모두 같은 목적지를 향해 질서 있고 평화로운 삶을 영위해 나갈 수 있을 것이다.

삶의 길

우주 공간을 포함하여 우리가 살고 있는 세계를 부분적으로 보면 무수히 많은 다양한 형상들이 끝없이 존재한다. 하늘, 땅, 별, 태양, 달, 인간, 동물, 식물, 건물, 자동차, TV, 컴퓨터, 기계 등등 이루 헤아릴 수조차 없다. 그러나 전체적으로 보면 세계는 단순하게 자연과 인공 두 가지로 구성되어 있다. 자연은 스스로 존재하는 형상의 세계이고, 인공은 인간이 창조한 형상의 세계다.

자연형상이든 인공형상이든 그것들이 처음부터 그곳에 현상태로 존재하고 있었던 것이 아니라 어디에선가 시작되어 나타나게 된 현상임을 알 수 있다. 이는 세계가 근원의 세계와 그로부터 나타난 현상의 세계로 구성되어 있다는 것을 의미한다. 예컨대, 집, 자동차, 전화 등 모든 인공물은 인간의 생각에서 비롯되어 현재의 모습으로 나타난 현상이다. 마찬가지로 인간을 비롯한 지구상의 다양한 동·식물과 같은 자연물들 또한 그 무엇으로부터 시작되어 나타나게 된 것이다. 우주공간에 떠 있는 태양, 별, 행성 등 처음부터 영원히 그 자리에 있었던 것처럼 보이는 천체들도 그 무엇으로부터 시작되어 지금의 모습으로 존재하게 된 것임을 직관하게 된다. 이 직관은 과학기술의 발달로 별의 생성과 사멸을 관찰함으로써 증명되었고, 자연의 모든 현상이 우주의 한 점, 공(空), 또는 신 등과 같은 근원으로부터 나타나게 되었다는 믿음을 낳게도 했다.

그뿐만 아니라 자연현상의 세계는 그 자체가 살아 있는 하나의 거대한 생명체다. 무수히 많은 생명체의 집합체이자 통합체이며 그 규모 또한 원자 단위에서 거대한 은하에 이르기까지 다양하다. 지구상의 식물이나 동물은 물론, 핵을 지닌 원자도, 원자가 모여 형성된 분자도, 지구도, 태양계도, 은하계도 모두 살아 있는 생명체다. 이 모든 생명체는 각자 생명의 주기가 다를 뿐 모두 유한한 존재다. 영원할 것처럼 보이는 지구도, 태양계도, 은하계도 결국 사라지는 형상들이다.

인간은 이런 형상 세계에 존재하는 한 생명체로서 지구라는 또 다른 생명체 안에서 살고 있다. 인간이 지구라는 환경에서 안전하고 건강하기 위해서는 어떻게 살아야 하는가? 이에 대한 답을 찾기 위해 먼저 인간과 환경이 어떻게 서로 연결되어 있는지 그 상호관계성의 원리를 살펴볼 필요가 있다.

먼저, 인간은 지구 환경에 의지하여 생존한다. 인간은 환경과 분리되어 존재할 수 없고 환경을 떠나서 생존할 수 없다. 인간은 물, 공기 등 생존을 위한 필수요소들을 만들 수 없으며 그들 모두는 환경으로부터 온다. 또한 인간과 환경은 상호작용을 하며 변화해 간다. 인간이 환경을 변화시키고 환경 또한 인간을 변화시킨다. 인간은 문명을 창조하며 환경을 적극적으로 변화시키고, 변화된 환경은 다시 인간을 변화시킨다. 그리고 변화된 인간은 다시 환경을 변화시키는 순환적 상호작용을 통해 인간과 환경은 지속적으로 변화해 간다. 따라서 환경이 생명이나 건강을 잃으면 인간 또한 생명이나 건강을 잃게 된다. 인간과 환경의 이런 상호관계성의 원리는 인간뿐만 아니라 환경도 안전하고 건강해야 인간이 안전하고 건강하게 살 수 있다는 것을 말해 준다.

그러므로 근원과 현상으로 설명되는 세계의 전체적인 실상과 인간과 지구환경의 상호관계성의 원리를 바탕으로 우리가 찾아야 하는 삶의 길은 다음과 같다.

> 모든 현상에 근원이 존재한다는 사실과 현상의 유한성을 잊지 말고, 생명과 건강을 최고의 가치이자 삶의 목적으로 삼아야 한다. 그 목적달성을 위해 필요한 경우에만 수단으로써 문명을 창조해야 한다.

이 길을 따를 때, 우리 인간은 자유롭고 질서 있는 내면과 안전하고 건강한 삶의 환경을 유지할 수 있다. 궁극적으로 자신에게 가장 중요한 삶의 목적적 가치를 잃지 않고 지속가능한 삶을 영위할 수 있을 것이다. 따라서 이 길은 시대와 장소를 막론하고 지속가능한 삶을 원하는 인간이면 누구나 걸어야 할 절대적인 삶의 방법, 영원한 삶의 길이다.

2장

변화의 원리

오늘날 인류가 직면하고 있는 지구촌 사회의 다양한 위기 상황들은 다름 아닌 우리 자신으로부터 비롯된 것이다. 현상에 집착하여 그 근원과 현상의 유한성을 망각하고 가치의 위계질서가 무너진 탓이다. 다양한 수단적 가치들을 맹목적으로 추구하여 새로운 문명을 끝없이 창조하는 가운데 불안과 혼란이 가중되었다. 또한 자연과 사회적 삶의 환경이 심하게 파괴되고 있다. 그렇다면 우리는 왜 이렇게 현상에 대한 집착의 마음을 갖게 되었는가?

인류에게는 시대나 장소에 따라 나름의 문제들이 존재할 수 있다. 인간을 포함한 자연이 발생에서 소멸에 이르는 변화과정을 거치는 거대한 생명현상이라는 그 속성상 인류에게는 처음부터 문제 발생의 가능성이 내포되어 있기 때문이다. 오늘의 인류가 처한 위기 상황도 이런 맥락에서 이해되어야 할 것이다. 변화와 그에 따른 문제의 발생은 생명체로 존재하는 인간에게 숙명일 수밖에 없다. 변화나 그로 인한 문제 그 자체를 탓할 것이 아니라 어떻게 대처하는가가 중요하다.

변화나 문제는 원리를 통해 나타나며 원리를 통해 사라진다. 어떤 변화에는 그 원인이 있고 결과가 있으며, 그 결과는 다시 원인이 되어 또 다른 결과를 낳는 인과적 상호관계성이 작동한다. 모든 생명현상은 끝없이 이어지는 원리의 세계 안에서 이루어진다. 원리가 없는 곳에는 어떤 생명도 존재할 수 없고 생명이 없는 곳에는 어떤 원리도 존재할 수 없다. 오늘날 우리가 직면한 변화나 문제가 발생하게 된 원리를 안다는 것은 그 변화에 잘 적응하거나 대처하고, 문제를 해결할 방법도 찾을 수 있다는 것을 의미한다.

자연의 한 생명체로서 지구상에 존재하는 우리는 세대를 통해 전달되는 자연의 긴 생명순환시스템 안에서 이해되어야 한다. 우리는 머나먼 과거에서 시작되어 미지의 미래로 나아가는 거대한 생명 역사의 일부로 존재하고 있기 때문이다. 이는 한 알의 씨앗이 싹이 나고 자라 씨앗을 남기고, 다시 그 씨앗이 자라 그 과정을 순환하며 끝없이 이어지는 것과 다를 바 없다. 처음과 끝이 있는 유한한 생명의 속성상 인류는 더 이상 거슬러 올라갈 수 없는 인류 최초의 조상이 있었을 것이고, 그들은 건강한 환경 속에서 건강한 모습으로 삶을 시작했을 것이다.

그러나 오늘날 우리는 이런 조상들의 유전자를 통해 거듭 재탄생하면서 그들과 똑같은 모습을 지니고 있지 않다. 과거의 긴 시간을 거치면서 변화해왔고 지금도 변화하고 있으며 다시 미래의 긴 시간을 통해 계속 변화할 것이다. 인간이 무엇 때문에 변할 수밖에 없었고 어떻게 변화해왔는지 그 원리를 찾아볼 필요가 있다. 그 원리를 안다면 우리 스스로 주체가 되어 새로운 변화를 이끌어낼 수 있기 때문이다.

이 장에서는 진화론, 지적설계론, 발현론 등 생명체의 기원과 변화의 원리를 설명하는 이론들과 관련 개념들을 살펴보았다. 그리고 인간과 환경이 상호작용하여 어떻게 인간 내면의 변화를 가져오는지 그 거시적, 미시적 원리를 탐구하였다.

진화론과 지적설계론*

진화론은 1859년 다윈의 『종의 기원』으로부터 시작된 비교적 신생 이론이다. 짧은 역사에도 불구하고 진화론은 경험적 증거를 찾아 제시하면서 이성적 공감대의 폭을 빠르게 넓혀 과학이론으로 자리를 잡았다. 진화론에 의하면 우주는 한 점에서의 대폭발, 즉 빅뱅으로부터 시작되었으며 지구상의 모든 생명체는 자연발생적으로 우연하게 나타났다. 무기물에서 유기물이 생겨나고 유기물이 단세포 생물로 진화하고, 그리고 다시 그것들이 복잡한 고등생물로 진화하게 되었다. 한 계통이 복잡한 환경 속에서 자연선택과 돌연변이를 통해 여러 갈래로 나뉘는 종의 분화를 거쳐 지구상에 오늘날과 같은 수백만의 현생종들이 나타나게 된 것이다.

진화론자들은 주로 화석기록과 동식물의 해부구조, 지리적 분포 등에서 진화의 다양한 증거들을 수집하고 있다. 가장 오래된 층에서 해양 무척추동물의 화석이 발견되고, 이어서 어류, 양서류, 파충류, 포유류 순으로 발견된 화석을 증거로 동식물이 단순한 형태에서 복잡한 형태로 진화했다고 본다. 새나 개미핥기의 배아단계에서 발달하는 치아조직은 이빨이 있었던 조상들의 잔재이며, 키위의 깃털 아래 숨겨져 있는 작은 날개

* 생명의 기원과 변화에 대한 진화론과 지적설계론의 논쟁은 심화되고 있다. 이런 상황은 리처드 도킨스 등이 지은 『Intelligent thougth: 왜 종교는 과학이 되려 하는가』(바다출판사, 2017)에 잘 나타나 있다.

는 키위 조상들이 날 수 있었음을 증명한다고 본다. 또한 우리 몸에 필요 없는 맹장이 있는 것, 되돌이 후두신경이 비효율적으로 빙빙 돌아 후두로 올라간다는 사실, 조상들에게서는 기능을 수행했던 수많은 비활성의 유전자들의 존재, 대다수 포유류와 달리 비타민 C를 합성할 수 있는 유전자가 있지만 기능하지 않아 비타민C를 직접 먹어야 하는 것 등은 인간의 진화에 대한 증거로 이해되고 있다.

한편, 지적설계론은 2000년 이상의 역사를 지닌 기독교의 창조론에 그 뿌리를 두고 1802년 윌리엄 페일리의 『자연 신학』으로부터 시작되었다. 지적설계론에 따르면 지구상의 모든 생명체를 포함한 우주 만물은 우연히 생겨난 것이 아니다. 그들은 모두 지능을 지닌 어떤 존재에 의해 의도적으로 창조된 지적 설계물이다. 그 지능을 지닌 존재란 곧 신을 말한다. 신이 우주만물을 창조하였고 지금 이 순간에도 어디에서나 우주 만물의 모든 현상에 개입하고 있다고 주장한다. 따라서 우주 만물이 우연하게 나타났으며 인간을 비롯한 지구상의 생명체들은 무기물에서 출발하여 단세포 생물을 거쳐 오늘의 고등생물로 진화했다는 진화론의 주장을 단호히 거부한다.

창조론은 진화론이 출현하기 전까지 긴 시간 동안 생명의 기원과 변화를 설명하는 독보적인 이론으로 그 지위를 누렸다. 그들은 어느 누구도 검증할 수 없는 신의 뒤에 숨어서 안일하게 지내 왔을지도 모른다. 그러나 진화론의 위세가 날로 강해지는 상황에서 다급한 나머지 지적설계론을 내세워 신이 아닌 피조물에 초점을 맞추고 그들 안에서 지능의 흔적을 경험적으로 찾아 제시하며 과학적 이론으로서의 면모를 갖추려 했다.

지적설계론자들은 진화론의 일부는 받아들이지만 환원 불가능하게 복잡한 특징들은 지적인 행위자에 의해 설계된 것이라고 주장한다. 비효율적이고 나쁜 특징들은 진화과정을 이용한 신의 징계 정도로 해석하기도 한다. 그러나 신은 경험적으로 증명할 수 없기에 지적설계론은 자연에서 지적 설계의 증거, 즉 지능의 흔적을 찾아 제시함으로써 진화론처럼 과학 이론으로 인정받고 이론에 대한 공감대의 폭을 넓히려 하고 있다.

지능의 흔적

지적설계론의 관점에서 자연이 과연 지적으로 설계되었는가에 대한 답을 찾기 위해서는 먼저, 지능이 무엇인지 알아야 한다. 그리고 그 흔적이 무엇인지 구체적으로 밝히고 자연에서 발견되는지 확인해 볼 필요가 있다. 자연을 설계한 신과 신의 지능을 인간이 직접 경험할 수는 없지만, 그의 설계물 중 하나인 인간을 통해 지능의 정체를 밝힐 수 있음은 매우 다행스러운 일이다. 인간은 지능(intelligence)을 통해 다양한 지적 산물을 설계하여 문명을 창조하는 존재이다. 생각이나 언어에서부터 학교에서 배우는 다양한 교과, 문학이나 예술작품, 스포츠, 게임, 컴퓨터, 차, 기계, 도구 등에 이르기까지 모든 인위적 산물들은 지능을 통해 이루어진 지적 설계물이다. 그 안에는 당연히 지능의 흔적이 존재한다.

한편, 학계에서는 지능에 대한 정의가 관련 학자들의 수만큼이나 다양하다. 지금까지 내려진 지능에 대한 정의들은 대략, 환경 적응 능력, 학습 능력, 추론능력, 문제해결 능력, 창의력, 상상력 등과 관련되어 있다. 이들 중 일부는 지능을 이런 능력들의 종합으로 생각하는 한편, 문제 해결 능력과 창의력, 또는 추상적 사고능력에 국한하거나 환경 적응 능력으로 정의하고 있다.

지능에 대한 다양한 정의들은 일반적으로 사회문화적 환경에서 드러나는 활동이나 산출물을 통해 이루어지고 있다. 그런데 사회, 문화적 환경은 시대와 장소에 따라 다르고 계속 변화하므로 그에 따라 지능에 대한 정의도 계속 수정되거나 더욱 다양화 될 수밖에 없다. 이에 지능의 정체에 대한 탐구는 계속 진행되는 것이 당연하며 그 정의는 최후에 내려질 수밖에 없다고 주장하기에 이르렀다. 더구나 인간의 능력이 환경 속에서 계속 발전하고 있다는 진화론적 관점에서 본다면 이런 상황은 더욱 당연해 보인다. 끊임없이 변화하는 인간 삶의 환경 맥락에서 지능을 정의한다면 그 정의는 영원히 불가능하다.

사회문화적 환경을 기초로 하는 대신, 인간의 모든 인지 현상들의 근원과 인지원리 안에서라면 합일된 지능의 정의가 가능해진다.* 인간의 인지 현상들이 생겨나오는 인지 근원은 인지 시동체(cognitive activator)* 인 '나'와 인지공간(mental spaces)으로 구성되어 있다.

* 저자에 의해 처음 시도된 지능연구로서 Common and domain-specific cognitive characteristics of gifted students: An integrated model of human abilities(High Ability Studies, 2006)에 소개되었다.

* 인지시동체는 저자가 박사논문에서 인지근원을 탐구하는 과정에서 명명한 신조어이다. 인간의 다양한 인지활동에 시동을 걸어 인지작용이 나타나도록 하는 근원적 주체를 의미한다. 일반적으로 육체적 존재가 아닌 정신적 존재로서의 '나'를 의미한다고 보면 된다.

인지 시동체인 '나'는 감각적, 지적 욕구와 능력을 지니고 있다. '나'는 소리, 빛, 냄새, 맛, 촉감 등의 '자극(stimuli)'을 감각하고 그들 사이에서 '상호관계성'을 찾아 서로 연결하여 구조화한다. 인지공간은 '나'가 감각한 자극이 머물고 그들 사이의 상호관계성을 찾아 구조화하는 사고 공간이자 기억공간이다. 말을 배우는 시기에 아이가 눈앞에 사과라는 사물을 볼 때, 엄마가 손가락으로 가리키며 '사과'라고 말한다. 그 순간 아이는 실물 사과가 '사과'라는 말로 표현되는 관계를 깨닫는다. 두 자극은 인지공간에서 그 상호관계성으로 연결된다. 다시 엄마가 배를 보여주면 아이는 배를 사과와 비교하여 구별하고 다른 물건임을 깨닫는다. 두 자극은 인지공간에서 그 상호관계성으로 연결된다. 엄마가 배를 가리키며 '배'라고 말하면 사과와 마찬가지로 실물과 말이 연결된다. 여기서 '상호관계성을 찾아 서로 연결하여 구조물을 형성하는 기능'은 지능(g: general intelligence)이다. 지능에 의해 형상화된 구조물은 지식(knowledge)이다. 따라서 지능의 흔적은 지식 구조물을 형상화하는 데 이용되는 '상호관계성'이다.

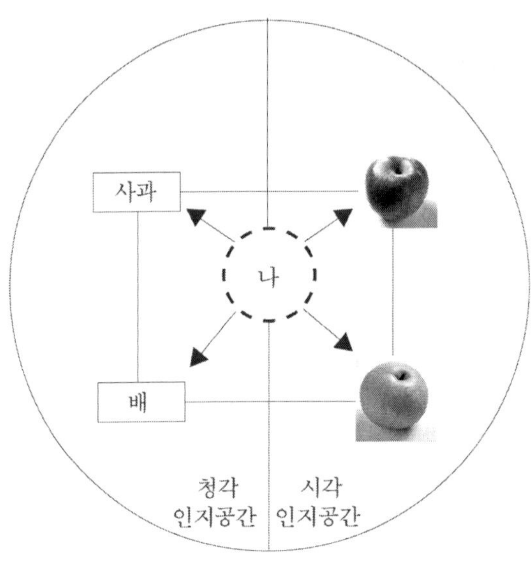

인간의 모든 지적 활동과 산물 속에는 다양한 환경 자극(예, 말, 문자, 수 등)과 더불어 상호관계성이라는 일반 요소가 존재한다. 언어지식과 수학지식은 언어와 수라는 서로 다른 자극으로 내용을 표현하고 있지만 그 자극들은 상호관계성으로 연결된 지식이다. 언어, 수학 등의 지식이 서로 독립적인 별개의 분야처럼 보이지만 기본적으로 상호관계성으로 구조화된 인지 구조물이다. 요약하자면, 인간이 형성하거나 창조한 지적 산물은 모두 지식이며 그 안에는 지능의 흔적인 '상호관계성'이 존재한다. 지능은 시대와 장소를 초월하여 동일하지만 다양한 환경적 자극을 통해 그 존재가 드러나므로 매우 다양한 지능들이 존재하는 것처럼 보인다. 지능은 환경 초월적 능력이면서 동시에 다양한 환경을 통해 드러나는 환경 의존적 능력이다.

그렇다면 자연에서 상호관계성이라는 지능의 흔적은 발견되는가?* 자연과학에서는 자연의 모든 사물이 보편적인 관계성의 원리에 따라 서로 연결되어 있다고 본다. 자연 또한 다양한 자극들이 상호관계성을 통해 서로 연결되어 형상화된 물질 구조물이다. 물질의 기본 단위인 수소나 탄소에서부터 거대한 은하에 이르기까지 일관되게 확인된다. 수소나 탄소는 핵을 중심으로 전자가 돌고 있다. 수소는 핵 속에 든 양성자 1개와 주변을 돌고 있는 전자 1개, 탄소는 양성자 12개와 전자 12개로 구성되어 있다. 수소와 탄소는 핵과 전자가 서로 연결되어 구조화된 물질의 기본 단위이다. 수소나 탄소들은 다시 서로 결합하여 아미노산이나 포도당과 같은 더 복잡한 단위의 물질로 형성되고, 탄수화물이나 단백질 등과 같은 복합구조 물질로 형성된다. 이런 복합구조물들은 다시 서로 연결되어 동물, 식물 등과 같이 지구상에 존재하는 더 큰 단위의 생명체 자연구조물로 형성된다.

이와 같은 자연의 구조화 방식은 우주 행성의 세계에서도 동일하다. 태양은 수성, 금성, 지구, 화성, 목성, 토성, 천황성 등과 일정한 관계성으로 서로 연결되어 태양계라는 단위로 구조화되어 있다. 다수의 태양계가 서로 연결되어 은하라는 더 큰 단위의 구조물을 형성한다. 현재 관

* 저자의 논문 「학교에서 진화론과 함께 지적설계론도 가르쳐야 하는가」(한국융합학회논문지, 2018)에 소개되어 있다.

측된 바로는 1000억 개의 은하계가 있고 그 안에는 적어도 1000억 개의 태양이 존재하고 있는 것으로 추정된다. 가장 미세한 구조물인 탄소들이 서로 연결되어 나무 등과 같이 더 큰 단위의 개체가 형성되는 현상이나, 탄수화물이나 단백질 등의 구조물들이 서로 연결되어 또 다른 단위의 구조물이 되거나 더 나아가 동물의 육체라는 단위로 형성되는 것과 다를 바 없다. 인간이 지능을 통해 창조한 모든 산물처럼 자연도 상호관계성을 통해 자극이 연결되어 형상화된 거대한 구조물, 즉 지식(일명, 자연지식)이다. 자연이 지적으로 설계되었다는 의미이다.

발현론

생명의 기원에 대해 진화론과 지적설계론은 서로 대립하는 양상을 띠고 있고 각각 극복해야 할 한계를 가지고 있다. 진화론의 경우, 만물의 근원이 되는 그 한 점이 무엇이고, 그로부터 빅뱅을 통해 우주가 어떻게 생성되어 질서 있게 운행하고 있었으며, 진화의 핵심인 유전자는 어디에서 왔고, 지구상에서 무기물로부터 어떻게 인간을 비롯한 복잡한 구조를 지닌 생명체들이 진화하게 되었는지 등등에 대한 구체적인 증거와 합리적인 설명이 필요하다.

진화론의 기반이 지구 생명체의 생존경쟁과 적응에 있기 때문에 지구를 벗어나면 그 적용 대상이 사라지는 것은 물론, 진화에 필요한 생명의 기원도 설명하지 못하는 한계를 지니고 있다.

지적설계론의 경우, 범접할 수 없는 초자연적인 신이 우주만물을 창조하고 그 모든 변화에 개입하고 있다는 주장에 대해 증명해야 하지만 이 또한 불가능한 일로 보인다.

현재로서는 진화론이 완벽한 이론이라 보기 어렵고 그렇다고 지적설계론이 허구적인 이론이라 결론 내리기도 쉽지 않다. 두 이론의 대립이나 한계 상황을 극복하기 위해서는 새로운 해결책이 요구된다.

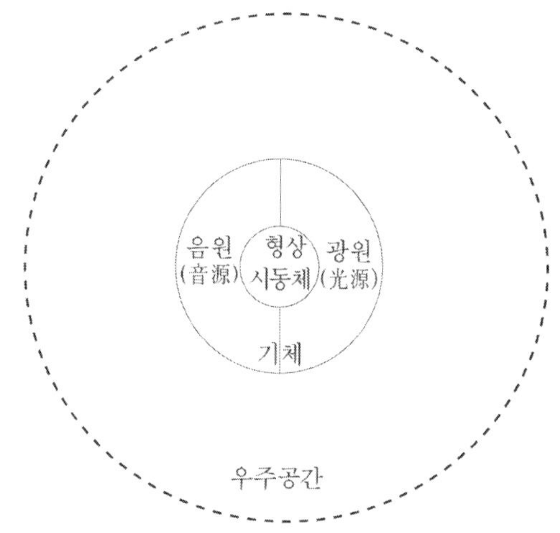

'발현론(發現論)'은 생명체의 기원과 그 변화에 대해 진화론과 지적설계론의 일부를 수렴하는 한편, 우주 근원의 모습과 기능을 구체적으로 제시함으로써 우주의 기원과 변화에 대해 구체적으로 설명하는 신생 융합이론이다.* 발현론에 따르면 모든 생물을 포함한 자연 만물의 현상세계는 자연

* 발현론은 『자연법 디코드(나는 누구이며 어떻게 살아야 하는가』(지식공감, 2015)에 소개되어 있다.

근원인 우주 씨앗이 발현된 하나의 거대한 생명체다. 우주 씨앗은 물질 자극인 음원(音源)과 광원(光源)이라는 두 기(氣)와 형상 시동체*로 구성된 유전체(근원 유전체)다. 자연 만물의 현상세계는 형상 시동체가 자신의 설계도에 따라 기(氣)를 서로 연결함으로써 구조화하여 발현된다. 근원 유전체에서 복제된 현상유전체는 다시 형상시동체가 상호관계성의 원리에 따라 기(氣)들을 연결하고 구조화하는 과정을 끊임없이 반복한다.

발현론은 지구상의 여러 복잡한 생명체가 우연히 무기물에서 단세포생물을 거쳐 진화한 결과로서 공동조상이 있다고 주장하는 진화론과는 차이가 있다. 발현론은 지구상의 생명체가 우주 씨앗 속의 유전적 설계도에 따라 층층의 여러 단계를 통해 지적으로 구조화하면서 발현된 것으로 설명한다. 질서정연하게 운행하는 우주행성뿐만 아니라 모든 생명체가 지적으로 설계되었다는 지적설계론의 입장을 취하고 있다.

그러나 발현론은 생명체의 기원이 초자연적인 신이 아니라는 점에서, 그리고 자연 만물이 환경과 상호작용을 통해 진화하거나 퇴화할 수 있다는 점에서 진화론과 맥을 같이 한다. 진화나 퇴화는 유전자가 구조설계를 변경하거나 조절하는 현상으로 이해할 수 있기 때문에 생물체가 유전자를 통해 자기조직화 하는 능력이 있다고 주장하는 진화론과 같다.

결론적으로 진화론, 지적설계론, 발현론 등은 인간 내면의 변화의 원인이 인류가 진화한 자연스러운 결과이거나 신이 인간에게 내린 벌이라

---

* 형상시동체는 인간을 포함한 자연만물이 발현되어 나타나는 우주 근원을 의미한다. 인간의 다양한 인지현상들을 나타내는 주체로서의 인지시동체('나')와 비슷한 개념으로 우주 근원의 '나'로 생각하면 된다.

는 해석을 주고 있다. 현상집착으로 수단적 가치를 끊임없이 추구하여 오늘의 위기를 마주하게 된 내면의 진화의 원리와 신의 징벌의 원리가 무엇인지 찾아볼 필요가 있다.

상호관계성의 원리

자연은 다양한 현상이 존재하는 '피상층,' 피상층이 생겨나는 '심층,' 그리고 심층이 나오는 '근원층'으로 구성되어 있다. 각 층들은 특정한 상호관계성을 통해 서로 연결되어 형상화되어 있다. 피상층과 심층과 근원층은 수직적 상호관계성(vertical relationship)으로 서로 연결되어 있다. 각 층마다 구성요소는 수평적 상호관계성(horizontal relationship)으로 연결되어 있다. 피상층은 심층으로부터 형성되고, 심층은 근원층으로부터 비롯된 것이므로 상위층은 하위층의 존재적 원인이고, 하위층의 상위층의 존재적 결과이다. 따라서 각 층은 수직적 인과관계성(vertical causal relationships)으로 연결되어 있다.

각 층의 구성요소는 서로 수평적 병렬관계(horizontal parallel relationships)로 연결되어 있다. 어느 한쪽으로부터 다른 한 쪽이 형성된 것이 아니라고 각자가 독립적으로 동등하게 존재하는 자연물이다. 각 층의 구성요소들 사이에서는 상호작용이 일어날 수 있다. 피상층에 존재하는 이산화탄소가 온난화를 통해 북극의 얼음을 녹인다. 이런 현상은 인과적으로 일어나므로 이들은 수평적 인과관계성(horizontal causal relationships)으로 연결되어 있다.

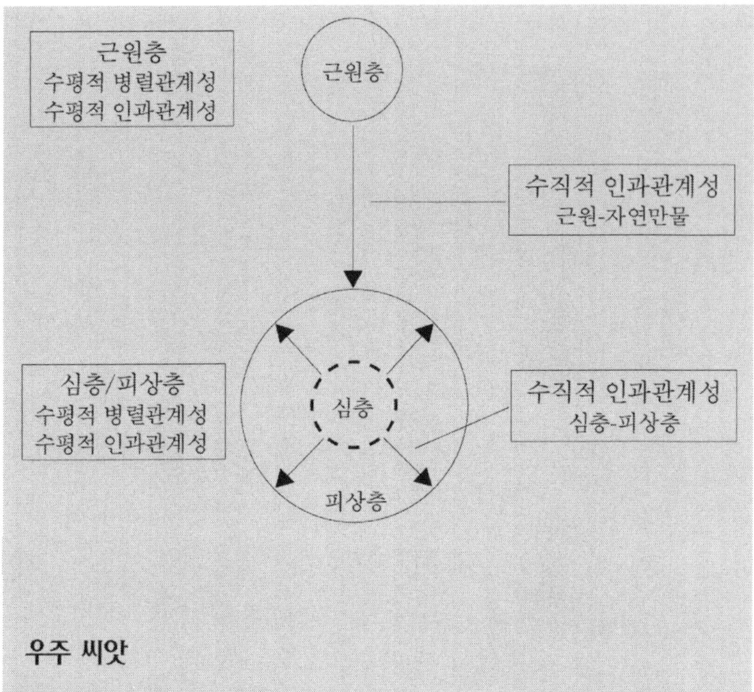

우주 씨앗

발현론에 따르면 우주 만물은 우주 씨앗으로부터 발현되었다. 우주 씨앗은 진화론에서 말하는 빅뱅의 '한 점'에 해당한다. 우주 씨앗 속 근원 유전체가 처음 발아하기 시작한 시점이 대폭발 현상이고 우주 생명체가 성장하는 시기는 우주팽창 현상에 해당한다.

한편, 우주 씨앗은 지적설계론의 신에 해당된다. 신은 셋으로 구성된다. 하나는 자신의 상호관계성의 원리를 통해 물질 형상으로 나타나는 형상 시동체이다. 다른 둘은 서로 연결되어 물질 형상으로 나타나는 음기(音氣)와 광기(光氣)이다. 우주 만물의 세계는 우주 씨앗 속 형상 시동체가 자신이 지닌 상호관계성의 원리를 통해 두 기체를 연결하여 형상화된 지적 구조물로서의 지식이다. 우주 만물은 우주 씨앗처럼 형상 시동체와 기체들로 구성되어 있다. 우주 만물은 근원인 '아버지'가 현상의 '아들'로 나타난 것이다. 하늘의 태양, 달, 별, 공기, 물, 동식물 등 자연 만물은 모두 아버지를 닮았다. 인간도 예외일 수 없다. 자연 만물 중 가장 높은 지성과 능력을 지닌 인간 아들이다.

우주 씨앗 속 형상 시동체만을 신으로 볼 수도 있다. 형상 시동체 신은 항상 진리와 함께 있으면서 진리를 통해 자신을 드러낸다. 즉, 신이 있는 곳에 진리가 있고 진리가 있는 곳에 신이 있다. 한편, 상호관계성의 진리 그 자체를 신으로 볼 수 있다. 진리는 신이 자신을 드러내는 방식이다. 우주에서 일어나는 어떤 변화도 진리를 통하지 않고서는 일어날 수 없다. 진리로서의 신은 우주의 생성과 모든 변화에 직접 개입하고 있는 것이다.

환경과 진화

지금으로부터 약 46억 년 전에 지구가 생성되었다. 인류는 400만 년 전, 아프리카에서 오스트랄로피테쿠스 원인으로 처음 나타난 것으로 추정한다. 약 50만 년 전에는 자바 원인(猿人)과 베이징 원인(原人), 약 20만 년 전에는 네안데르탈인(구인, 舊人), 약 4만 년 전에는 신생 인류인 호모 사피엔스 사피엔스에 속하는 크로마뇽인이 나타난 것으로 알려져 있다.

초기 인류의 환경은 건강한 상태에서 시작되었다. 지구는 살아 있는 거대한 생명체로서 물, 공기, 초목 등 생명 유지에 필요한 기본요소들을 풍성하게 제공해 주었다. 인간 역시 건강한 환경 속에서 태어나 건강한 삶을 시작했다. 그리고 한동안 자연인으로 살면서 자연변화에 적응하는 과정에서 '자연선택'*을 통한 진화의 길을 걸어 왔다(자연 선택적 진화, NSE: Natural Selective Evolution). 환경이 변화하면 그에 적응하기 위한 진화적 압력이 발생한다. 그 압력에 의해 유전자가 구조 설계를 변경하거나 조절하여 진화적 요구를 충족시킨다.* 그 결과 인간은 변화된 모습으로 새로운 환경에서 생존을 이어갈 수 있었다.

구석기시대부터 인간은 돌이나 뼈를 쪼개거나 갈아서 도구를 만들기 시작했다. 인간이 문명을 창조하기 시작한 이 시기부터 진화의 역사는 다른 양상으로 진행되기 시작했다. 지금까지 자연에 전적으로 순응하여 살아온 인간이 인위적인 세계를 창조함으로써 자연과 더불어 문명이라는 환경이 형성되었다. 인간은 자연과 문명을 모두 포함한 환경과의 상호작용을 하게 되었다.

문명 초기에는 인간의 창조 활동이 미약하고 문명 환경이 협소한 수준에 머물러 인간의 진화적 요구는 크지 않았다. 이 시기가 어디까지 이어

---

* 자연선택은 찰스 다윈(C. Darwin)이 처음 제기한 이론으로서 다윈이 주창한 진화론에 있어서 가장 핵심이 되는 부분이다. 다윈은 그의 저서 『종의 기원(The Origin of Species)』에서, 부모가 가지고 있는 형질이 후대로 전해져 내려올 때 '자연선택'을 통해 주위 환경에 보다 잘 적응하는 형질이 선택되어 살아남아 내려옴으로써 진화가 일어난다고 주장하였다.
* 유전자가 생명체의 구조 설계를 변경하거나 조절하는 것을 진화로 보는 견해이다. 유전자의 구조 설계 변경은 진화론에서 말하는 대진화 또는 소진화에 해당되는 것으로 생명체의 구조를 바꾸는 것을 의미하며, 구조 설계 조절은 생명체의 기존의 구조를 그 크기나 강도 등에서 소소한 변화를 이루는 것을 의미할 수 있다.

졌는지는 정확히 알 수 없다. 다만 이때까지는 인류와 환경 모두 건강에는 아무런 문제가 없었다. 이 시기에는 문명 환경에 적응하기 위한 유전자의 구조 설계 변경이나 조절은 크게 이루어지지 않았다. 그만큼 '인간 선택적 진화(HSE: Human Selective Evolution)'는 크게 일어나지 않았다.

시간이 흘러, 인류 문명이 어느 수준을 넘어 축적되고 발전하는 '문명 중기'에 이르러 삶의 환경이 문명 환경으로 치중되는 전환의 시기를 맞이했다. 이 시기부터는 크게 변화된 문명 환경에 의해 인간에게도 본격적인 진화에 대한 요구가 발생할 수밖에 없었다. 유전자의 구조 설계변경이나 조절이 빈번해졌다. 이후 인류사에서 몇 차례 획기적인 문명의 도약이 일어날 때마다 인간 선택적 진화는 더 많이 이루어졌다.

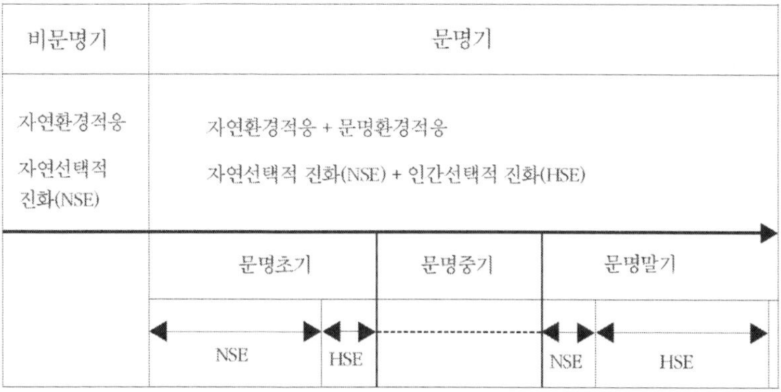

비문명기	문명기				
자연환경적응 자연선택적 진화(NSE)	자연환경적응 + 문명환경적응 자연선택적 진화(NSE) + 인간선택적 진화(HSE)				
	문명초기		문명중기	문명말기	
	NSE	HSE		NSE	HSE

문명 환경이 급변하고 있는 '문명 말기'에 이른 오늘날 인류는 그 어느 때보다도 인간 선택적 진화가 급속하게 이루어지고 있다. 우리는 지금 최대의 진화를 경험하고 있다. 현상 집착과 내면의 혼란, 다양한 신체

적 · 정신적 장애, 사회적 혼란과 자연의 위기 등 오늘날 우리가 직면하고 있는 다양한 불행과 위기상황은 과도한 인간 선택적 진화의 부작용이다. 우리 안에서 일어나고 있는 진화의 원리와 환경에 특별한 관심을 가져야 하는 이유가 여기에 있다.

기억과 집착

두뇌는 인간의 신체 중에서 가장 많이 진화가 이루어진 부분이다. 높은 지능을 갖춘 인간은 다른 동물들과 달리 주어진 환경에 대해 수동적인 적응을 넘어 환경을 창조함으로써 환경을 극복한다. 이에 두뇌에 대한 진화적 압력이 다른 신체 부분보다 더 강할 수밖에 없다. 복잡해져 가는 문명 환경에 적응하는 데 더 많은 두뇌 사용이 필요하다. 문명이 발전하고 확장될수록 다른 신체 부분의 진화는 상대적으로 미미해지는 반면 두뇌에 대한 진화적 압력은 더욱 거세지게 마련이다.

인간과 환경의 상호작용으로 인한 진화를 변화의 거시적 원리라고 한다면, 인간 두뇌 안에서 일어나고 있는 유전자, 두뇌, 내면의 상호관계성은 변화의 미시적 원리라고 할 수 있다. 인간의 다양한 내면 현상은 두뇌의 기능을 통해 나타나고, 두뇌는 유전자의 발현을 통해 형성된다.

현상 집착의 내면 탐구는 우리 안에서 경험 가능한 마음 현상으로부터 거슬러 올라가며 그 원인을 추적할 수 있다. 집착이란 특정한 것에 강하게 묶여 고착되어 자유롭지 못한 마음 상태를 말한다. 예컨대, 아이스크림에 집착하는 사람은 그것을 보면 그냥 지나치기가 힘들다. 이는 아이스크림으로부터 마음이 자유롭지 못하다는 의미다. 그러나 아이스크림에 집착이 없는 사람은 그로부터 자유로워 그것을 보아도 얽매이지 않는다.

그렇다면 왜 아이스크림에 집착하게 되는가? 겉으로 보기에는 아이스크림 자체에 집착하는 것처럼 보이지만 사실은 그것을 먹어 본 경험 혹은 그 기억에 집착하는 것이다. 아이스크림을 한 번도 먹어본 적이 없는 사람은 그 기억이 없기 때문에 그것에 집착할 수 없다. 아이스크림을 먹을 때, 입으로 감촉을 느끼고, 혀로 맛을 느끼고, 코로 향을 맡으면서 그 감촉과 맛과 향이 내면에 기억되고 정서가 형성된다. 자신이 먹은 아이스크림의 감촉과 맛 또는 향이 마음에 들면 즐거움이나 기쁨 등의 행복감이 형성되고 그 정서는 감촉, 맛, 향, 그것의 모양에 대한 기억과 연결되어 구조화된다. 그렇게 서로 연결되어 구조화된 경험에 대한 기억 때문에 아이스크림을 보거나 상상하면 그에 대한 감각적 기억과 정서적 기억들이 연달아 반응하게 된다.

그러나 기억이 있다고 모두 집착이 생기는 것은 아니다. 그렇다면 사람들은 기억하는 모든 것에 집착할 것이다. 기억에 얽매여 자유롭지 못한 집착의 원인은 강한 기억이다. 기억의 강도는 매우 다양하므로 집착의 강도도 다양할 수 있다. 기억이 강할수록 집착이 강해질 수밖에 없기 때문에 집착의 정도는 사람마다 다양하게 나타날 수 있다. 아이스크림을 보고 강한 집착을 드러내는 사람이 있는가 하면 먹고는 싶어도 견디는 사람도 있다.

그렇다면 집착을 가져올 정도의 강한 기억은 왜 형성되는가? 같은 것을 경험하는데 어떤 사람은 왜 그 기억이 강하게 형성되어 그에 묶이게 되고, 어떤 사람은 그 기억으로부터 자유로울 수 있는가? 객관적으로 존재하는 사물이나 경험에 대한 자극은 동일한데, 왜 어떤 사람에게는 그 자극에 대한 경험이 강하게 기억되고, 또 어떤 사람에게는 약하게 기억되는가? 기억의 메커니즘을 거슬러 올라가면 더 이상 올라갈 수 없는 곳에서 인지근원을 만날 수 있다. 그것은 '나'와 '인지공간'이다.

인간의 모든 정신과 마음 현상들은 '나'와 인지공간으로부터 생성된다. '나'는 정신과 마음의 현상들을 생성하는 주체이고, 인지공간은 그것들이 생성되고 머무는 장소이다. 이들 중 어느 하나만으로는 정신과 마음현상이 생성될 수 없다. 우주에 자연 만물이 생성되어 나타나는 자연 근원과 공간이 있듯이, 인간의 두뇌 안에 정신과 마음 현상을 생성하는 인지 근원인 '나'와 인지공간이 있다.

집착을 유발하는 강한 기억은 '나' 또는 '인지공간'과 어떤 관련이 있는가? 먼저 '나'는 주의와 의식의 집중도를 조절하여 어느 정도 기억 강도에 영향을 줄 수 있다. 그렇지만 '나'의 의지대로 기억 강도를 무한히 또는 자유롭게 조절하는 데는 한계가 있다.

'나'가 어떤 역할을 수행하는지를 전체적으로 살펴볼 때 이 점에 대해 더 잘 이해할 수 있다. 우선 '나'는 기본적으로 감각기능을 수행한다. '나'가 자극을 느끼면 그 자극은 인지공간으로 들어와 기억으로 머문다. 이는 곧 '나'가 감각하지 않으면 기억은 형성될 수 없다는 것을 의미한다. 다음으로 '나'는 인지기능을 수행한다. '나'는 자극을 서로 비교 · 구별 · 판단하며 그들 사이의 상호관계성을 찾아 서로 연결하여 지식이라는 지적 구조물을 형성한다. 그리고 그 지식도 기억된다. 마지막으로 '나'

는 정서기능을 수행한다. '나'는 자극을 감각하거나 지식을 형성하는 과정에서 나타나는 다양한 감정을 느낀다. 그 감정 또한 인지공간에 기억된다.

'나'는 기억 형성을 위한 이런 일련의 기능들을 수행할 뿐, 기억의 강도 자체를 자의적으로 낮추거나 높일 수는 없다. 같은 조건 하에서 집중하여 어떤 책을 읽는다 해도 그 책 내용에 대한 사람들의 기억은 모두 다르다. 또, 같은 조건 하에서 새로운 전화번호를 집중해서 듣는다 해도 사람마다 그 번호에 대한 기억의 강도는 다를 수 있다. 어떤 사람은 매우 집중해서 그 전화번호를 들어도 기억이 곧장 사라지는 반면, 어떤 사람은 집중해서 듣는 것 같지도 않는데 그 번호를 생생하게 기억할 수 있다.

이렇게 서로 다른 기억의 강도는 인지공간과 밀접하게 관련되어 있다. 인지공간이 클수록 기억은 더 강하게 형성된다. 컴퓨터 모니터의 경우 화면이 작은 것과 큰 것 중 어느 쪽이 더 잘 보이는가? 의심할 여지없이 큰 화면이다. 큰 화면이 작은 화면보다 자극이 더 많은 에너지를 가지고 있기 때문이다. 에너지를 많이 가질수록 더 강한 자극이 발산되고, 강한 자극일수록 '나'의 주의와 의식을 더 강하게 끄는 것은 당연하다. 큰 소리가 작은 소리보다 더 많은 주의와 의식을 끌기에 더 잘 들리는 현상과 같은 원리이다.

컴퓨터 화면을 인지공간에 비유해서 그 화면에 기억이라는 자극이 있다고 생각해 보자. 컴퓨터 화면이 클수록 그 안에 있는 자극이 더 크고 선명하게 보이는 것처럼, 인지공간이 클수록 그 안에 있는 자극은 더 크고 선명하게 보인다. 또한 그 안에 많은 자극들을 띄워놓고 장시간 복잡한 작업을 수행하기도 쉽다. 심리학에서는 이를 작업 기억(working memory)라 부른다.* 작업 기억은 학습 효율성에 직결된 요소이고 작업 기억이 클수록 장시간 내면에 집중하여 복잡하게 사고하기가 용이해진다. 이 때문에 일부 지능 연구에서는 작업 기억을 지능으로 오인하기도 한다.

인지공간의 성장에 따라 인간의 지적 발달은 단계별로 이루어진다.* 인지공간이 발달 단계에 따라 성장하지 않으면 성인이 되어서도 바로 직전에 본 것조차 기억할 수 없고 두 사물을 서로 비교 · 구분 · 판단하여 지식을 형성할 수도 없다. 어린 영아는 자극에 대한 기억이 없어 눈앞에서 사라지는 사물은 더 이상 존재하지 않는 것으로 생각한다. 인지공간이 너무 작아 자극이 약하게 머물러 충분한 주의를 끌지 못하기 때문에 기억이 형성되지 않는 것이다. 하지만 좀 더 성장하면 그 사물이 시야에서 사라져도 다른 곳에 존재한다고 생각할 수 있게 된다. 이는 인지공간이 커짐에 따라 자극에 대한 기억이 더 강하게 형성되었다는 것을 의미한다. 심리학에서는 이런 현상을 표상 형성과 대상영속성이라는 용어로 설명한다.* 이후 아이의 인지공간은 더 성장하여 기억을 바탕으로 새로운 자극을 비교 · 구분하고 그들 사이의 상호관계성을 찾아 연결하고 구

* 작업기억(working memory)은 학습, 사고 및 행동 등 모든 심리적 발달을 제약할 수 있는 요소로서 심리학에서 중요한 개념이다, Milton J. Dehn, Working Memory and Academic Learning: Assessment and Intervention (John Wiley & Sons, Inc., 2008). Alan Baddeley, Working Memory, Thought, and Action (Oxford University Press, 2007) 등 참고.
* 여기서는 작업 기억의 증가나 사고의 복잡성의 증가 등 다양한 인지발달을 제약하는 두뇌 구조적 요인이 인지공간이라고 말하고 있다. 인지공간이 성장함에 따라 점점 더 기억이 증가하고 복잡한 사고도 할 수 있는 인지발달이 이루어질 수 있다.
* 표상형성과 대상영속성 개념은 기억형성과 깊이 관련된 개념으로 심리학의 대가 Jean Piaget의 발달심리이론의 핵심 개념이다.

조화하면서 지식을 형성할 수 있게 된다. 그리고 지식과 기억의 양과 복잡성이 계속 증가한다. 이런 일련의 변화는 언어나 수의 발달로 이어지고 초등학교에 입학할 무렵에는 복잡한 언어나 수 계산을 실행할 수 있게 된다. 아이가 더욱 성장하여 인지공간이 추가적으로 커지면 내면에 장시간 머물면서 집중적인 내적 활동이 가능해지고 더욱 복잡한 다량의 학업을 수행할 수 있게 된다.

인지공간의 진화

신체 기관의 진화적 압력은 사용의 빈도나 강도와 관련되어 있다. 신체 기관을 더 자주, 또는 더 강도 높게 사용할 때 그 기관은 망가지지 않는 한 그 만큼 강화될 수 있다. 우리가 팔이나 다리의 일부분을 자극하면 그 자극이 주의와 의식을 끌어당기게 되고 '나'는 그 자극을 감각한다. 그런데 그 부분이 더 강하게 지속적인 자극을 받는다면 그 자극으로 더 많은 주의와 의식이 끌려 '나'는 더 크게 자극을 감각하게 된다. 점점 더 강도를 높여 그곳에 계속 자극을 가하면 이제 그 부분은 아무런 대책 없이 그저 당하고만 있지 않는다. 강해진 자극을 견뎌내기 위해 그 부분은 더 강화되고 마침내 그 정도의 자극은 쉽게 견딜 수 있게 된다. 아령으로 팔을 많이 단련한 사람은 그렇지 않은 사람보다 팔의 근육이 더 발달되어 더 무거운 아령을 들어도 고통스럽지 않게 되는 것이다.

신체의 일부인 두뇌의 인지공간이 진화하는 이유 또한 이런 맥락에서 이해될 수 있다. 인지공간의 진화는 그곳을 과도하게 사용한 결과이다. 초기 인류는 작은 인지공간의 상태에서 시작했다. 장구한 세월에 걸쳐 삶의 환경이 변화함에 따라 진화를 계속하면서 오늘에 이르렀다. 과도한 사용은 두 가지 측면의 활동으로, 하나는 많은 것을 내면에 강하게 기억하려는 인지 활동이고, 다른 하나는 내면에 주의와 의식을 집중하여 장시간 복잡하게 사고하는 인지 활동이다. 이들은 인지공간을 과도하게 활성화시키는 활동들로써 인지공간이 활성화될수록 유전자에 작용하는 진화적 압력은 강해진다. 유전자는 그 요구를 충족시키기 위해 설계를 조절하여 인지공간을 더욱 성장시켜 많은 것을 기억하고 더 오랜 시간 집중하여 훨씬 복잡한 인지 활동을 수행할 수 있게 한다.

그러나 두뇌 인지공간의 과도한 성장은 결코 바람직한 진화로 볼 수 없다.* 강한 기억 형성으로 집착을 유발하여 삶의 목적과 방법에 혼란을 초래한다. 뿐만 아니라 강한 기억은 과도한 주의와 의식을 내면으로 끌어당기고, 상대적으로 외부의 실제 세계로 향해야 할 주의와 의식을 줄어들게 한다. 이런 외적 주의력결핍 현상은 다시 원인이 되어 복잡하고 변화무쌍한 외부 세계에 대한 감각 및 지식 형성을 저해하고 다시 외부 세계에 대한 부적응과 소통 결함이라는 결과로 이어진다. 또 과도한 주의와 의식이 내면으로 집중되는 현상은 내면에서의 인지활동을 증가

---

* 인간의 모든 인지, 심리발달이 인지공간의 성장을 기초로 가능하지만 너무 과도한 성장은 다양한 인지, 심리, 행동장애를 유발하도록 만든다. 더 자세한 내용은 3장 〈내면장애와 질환〉을 참고하기 바란다. 자폐스펙트럼장애의 발생은 그 한 예로, 그 발생 메커니즘은 Song, K. H. Understanding Autism in a Cognitive Mechanism: Why and How the Characteristics of Autism Appear (특수교육학연구, 2010), 인지 메커니즘을 통한 자폐스펙트럼장애의 개념과 하위 유형의 재정립(정서 · 행동장애연구, 2013) 등을 통해 확인할 수 있다.

시키고 지나친 학습활동이나 창의적 활동으로 과도한 문명 발달을 이끌어 오늘과 같은 위기 상황을 초래하게 된 것이다. 유전자는 자신이 행하는 이런 설계조절이 인간에게 어떤 결과로 이어질지 전체적인 인과적 상호관계성을 판단하지 못한 채 자신에게 전해오는 진화적 압력에 대해서만 단순하게 대처할 뿐이다.

진화론자들은 이런 연유로 진화에는 지능이 개입되지 않는다고 말하고 이를 '눈 먼 시계공'에 비유한다.* 생명체들의 환경적응 능력을 살펴보면 마치 숙련된 시계공이 설계하고 수리한 결과처럼 보이지만, 실제로는 앞을 보지 못하는 시계공이 나름대로 고쳐보려 애쓰는 과정에서 번번이 실패를 거듭하다 아주 드물게 재깍거리며 작동할 때도 있다는 것이다. 유전자는 바로 그 눈먼 시계공처럼 구조설계를 변경하거나 조절한다는 것이다. 유전자는 상호관계성의 원리를 전체적으로 볼 수 없고 그럴만한 위치도 지능도 없기 때문이다.

생명체의 이런 한계상황은 우리 인간도 마찬가지다. 오늘날 우리는 자신의 내면이 처음 어떤 모습에서 시작하여 어떻게 변해왔고, 변하고 있으며 변화해 가는지 그 전체 상호관계성의 원리를 알지 못한다. 따라서 우리는 현재의 위치도, 우리가 가고 있는 방향도, 어떤 길을 선택해서 나아가야 하는지도 알지 못한다. 인간도 눈먼 시계공처럼 자신의 수준에서 삶의 설계를 변경해가고 있을 뿐이다. 인류는 시대마다 처한 각자의 지능 수준에서 최선을 다해 상호관계성을 생각하고 그에 맞추어 문명사회

* 『눈먼 시계공(The blind watchmaker)』은 진화론자인 리처드 도킨스(Richard Dawkins)가 1986년에 쓴 책이다. 1976년에 쓴 『이기적 유전자(The selfish gene)』로도 유명하다.

의 구조를 변경하며 생존해 왔다. 하지만 그 결과는 환경의 위기상황과 그에 따른 생존의 위협으로 나타나고 있다.

오늘날 인류가 직면한 위기는 주어진 자연 환경의 적응을 넘어서 과도하고 무분별하게 환경(문명)을 창조하고 문명적인 활동을 한 결과이다. 즉, 오늘의 위기는 자연 선택적 진화보다 과도한 인간 선택적 진화의 결과인 셈이다. 이런 진화의 과정에서 지적설계론이 말하는 신의 개입은 찾을 수 없다. 내면의 건강을 잃게 하여 오늘의 위기를 초래한 인지공간의 과도한 진화가 발생한 것은 지나친 내적 사고를 행한 '나' 자신이다. 진화에 개입한 것은 바로 '나' 자신이며 이런 진화는 인간 안에 이미 설계되어 존재하고 있는 '나'와 유전자와 인지공간 사이의 상호관계성의 원리라는 진리 안에서 일어난 것이다. '나'가 행한 과도한 내적 사고는 진리에 의해 오늘의 위기 상황이라는 벌을 초래한 것이다.

우리에게 이토록 중요한 인지공간의 진화를 유전자에게 속수무책으로 맡겨둘 수는 없다. '눈먼' 유전자의 구조설계 조절로 인지공간이 과도하게 성장하였고 그로 인해 우리 내면이 집착과 혼란에 빠져 인류 생존의 위기라는 치명적인 부작용을 얻게 되었다. 높은 지능을 지닌 우리는 두뇌 유전자가 어떤 환경에서 어떻게 설계를 조절하는지 그 원리를 알아서 스스로 진화를 관리할 필요가 있다.

인지공간의 진화와 더불어 '나'의 성장에 따른 인간 지성의 성장이라는 진화의 긍정적인 과정이 있다. 지성이 성장하여 진화의 원리를 알고 인류의 운명을 전환하는 길을 찾을 수 있는 것은 자연스럽고 다행한 일이다. 모든 것이 때가 있음은 생명의 속성이다. 로마가 하루아침에 이루어지지 않은 것과 같이 지성의 진화도 하루아침에 이루어질 수 없다. 이 또한 생명에 관한 진화 역사의 비밀일 것이다.

우리 안에서 벌어지고 있는 유전자 구조설계 조절의 원리를 깨닫고 인지공간의 과도한 성장을 야기하는 진화를 차단해야 한다. 그렇게 함으로써 '나'의 성장을 조장하고 인간에게 건강한 진화가 일어날 수 있도록 관리하는 지혜를 발휘할 수 있을 것이다.*

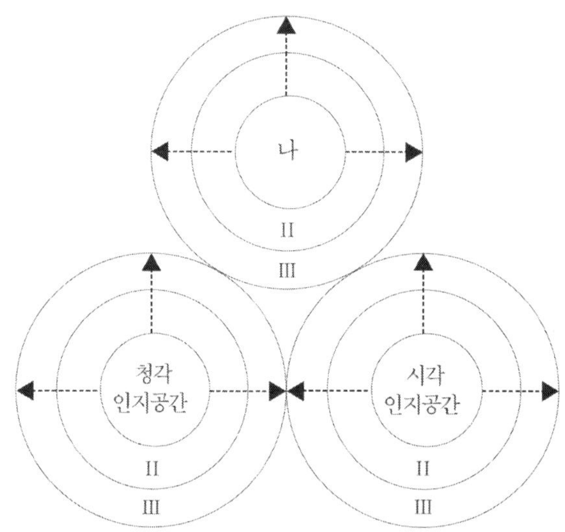

* 인간의 내면의 변화는 '나'와 인지공간의 성장에 따라 다양하게 이루어지는데, 인지공간은 〈그림〉에서 I단계 머무는 가운데, '나'의 성장은 최고단계인 III까지 성장하는 진화가 건강한 진화로 보고 있다. 인지공간이 II단계 이상으로 진화하면 인간 내면이 건강을 잃게 된다.

3장

건강

인류 초기 인간과 삶의 환경 모두 건강한 상태에서 시작하였으나 장구한 세월에 걸쳐 인간이 창조한 문명이 축적되고 확장되면서 삶의 환경이 자연에서 벗어나 점점 더 문명적인 환경으로 변화되었다. 변화의 과정에서 우리의 두뇌 사용이 계속 증가하고 진화적 압력이 발생함에 따라 유전자가 구조설계를 조절하여 인지공간이 지속적으로 성장했다. 마침내 인간에게 현상 집착의 마음이 나타났다. 그로 인해 가치관과 삶의 목적과 방법 모두에서 혼란이 발생하게 되었다. 현상 집착의 마음과 내면의 혼란은 개인과 개인, 집단과 집단, 국가와 국가 사이에 대립과 갈등과 충돌 등의 혼란을 초래하였다. 무분별하고 맹목적인 문명추구로 자연환경이 걷잡을 수 없이 오염되고 파괴되었다. 그에 의존하여 생존할 수밖에 없는 인류는 위협을 받는 상황에 이르게 되었다.

오늘날 인간과 환경의 상호작용으로 인한 변화는 가속도를 더해가고 있다. 악화일로의 역동성을 멈추지 않는다면 인간 내면과 환경 모두 치유 불가능한 상태가 될 것이다. 인간의 내면과 환경을 모두 건강하게 회복하려는 노력이 오늘날 우리 인류에게 주어진 최우선 과제다.

집착이 없고 질서 있는 인간 내면의 모습이란 구체적으로 어떤 것일까? 그것을 알면 우리는 방향을 잡고 건강한 상태로 나아갈 수 있다. 육체가 건강하다는 의미는 쉽게 이해할 수 있지만 인간 내면이 건강하다는 의미는 막연하고 모호하여 이해하기 힘들 수 있다. 인간의 내면의 세계는 실체가 없고 수시로 변하며 귀로 들을 수도, 손으로 만져 볼 수도 없다. 누구나 인간 내면의 중요성을 얘기하면서도 그 건강 상태에 대해서는 무관심하거나 외면하기 쉽다.

인간의 내면은 완전히 건강한 상태에서 완전히 건강하지 못한 상태에 이르기까지 다양하다. 양극단에 위치한 사람은 많지 않고 거기로부터 그리 멀지 않는 곳에 있을 수도 있고, 중간 어디쯤에 위치할 수도 있을 것이다. 건강을 잃은 내면과 관련하여 장애나 질환 등의 용어가 혼용되어 사용된다. 일반적으로 치료나 치유가 되느냐 안 되느냐에 따라 장애와 질환을 구분한다. 장애는 치유될 수 없는 경우이고, 질환은 치료나 치유할 수 있는 상태를 말한다. 감기나 폐렴처럼 일시적인 질병은 질환이고, 사고로 인해 신체 일부를 잃거나 그 기능을 상실할 때 장애라고 부른다. 내면의 정신이나 마음도 마찬가지이다. 지적장애나 자폐장애 같은 발달장애는 완전한 치료나 치유가 불가능하여 장애라 한다. 그러나 불안증, 강박증, 우울증이나 조울증, 조현병 등은 치료될 수 있기 때문에 질환이다. 질환은 감기처럼 다시 발병할 수 있는 특징이 있고, 장애에 기초하여 질환이 나타나기도 한다. 장애도 어느 정도까지는 그 증상이 호전될 수 있다. 또 치료나 치유를 하더라도 증상이 완전히 근절되지 않는 경계 선상에 머물거나 자주 발병할 때 질환도 장애로 여길 수 있다.

이 장에서는 인간 내면의 원리를 통해 건강한 내면과 건강하지 못한 내면이 각각 어떤 모습으로 나타나는지를 탐구하였다.

공(空)과 현(現)

내면에는 수많은 정신과 마음이 존재한다. 내면의 세계를 분별하여 개별적으로 하나씩 확인하고 전체 모습을 그리는 일은 불가능하다. 그러나 내면의 세계를 단순하게 보면 단 두 가지 모습으로 구분할 수 있다. 하나는 사고 작용이 일어나지 않고 지식도 형성되지 않아 아무것도 나타나지 않는 상태다. 다른 하나는 사고 작용이 일어나고 지식이 형성되어 나타나는 상태다. 아무것도 나타나지 않는 내면의 모습을 공(空)이라 하고, 사고작용으로 지식이 형성되어 나타나는 내면의 모습을 현(現)이라 하자.

공(空)은 깊은 잠에 빠져 있을 때를 생각하면 이해하기 쉽다. 깊은 수면 상태에서는 '나'가 자신을 느낄 수 없고, 사고하지 않으며 지식도 형성되지 않아 아무것도 나타나지 않는다. '나'가 없으므로 '무아(無我)'이고 '나'의 사고 기능이 정지되어 아무것도 나타나지 않으므로 '공(空)'이다. 이는 무아공(無我空)의 상태다.

그런데 잠에서 깬 직후나 잠들기 직전 상태에서는 '나' 자신의 존재나 외부에서 들어오는 물리적 자극은 감각 기관을 통해 느낄 수 있다. 하지만 '나'의 사고 기능은 정지되어 지식이 형성되지 않는다. 이때 '나'는 자신의 존재나 외부에서 들어오는 자극을 있는 그대로 느낄 수 있으므로 '유아(有我)'이지만, 사고 기능이 정지되어 아무것도 나타나지 않으므로 '공(空)', 따라서 유아공(有我空)의 상태다.

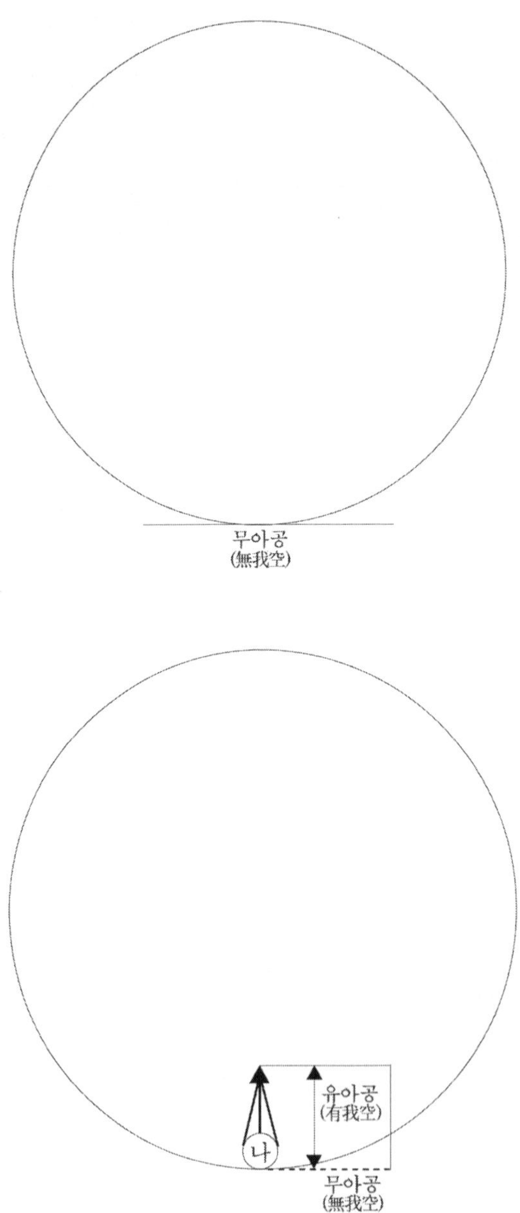
무아공
(無我空)
유아공
(有我空)
나
무아공
(無我空)

한편 일상생활 중 내면은 항상 사고 작용이 일어나고 지식이 형성되어 나타나는 현(現)의 상태이다. 가벼운 대화를 나누거나 산책 등 한가로운 일상에서의 내면은 '나' 자신의 존재를 느끼고 외부에서 들어오는 물리적 자극을 감각기관을 통해 느끼고 판단하며, 그 자극을 서로 비교하고 구별하며 상호관계성을 찾아 연결하여 지식을 만든다. 이는 유아현(有我現)이다.

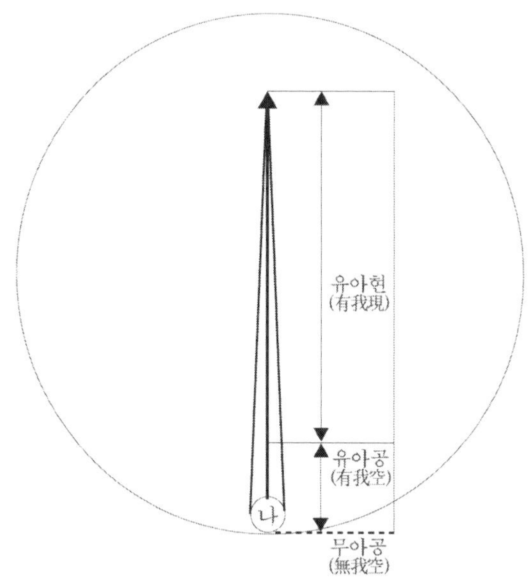

하지만 깊은 생각에 빠져 있거나 독서에 몰입하고, 매우 역동적인 상황에서 바쁘게 움직이거나 일을 할 때도 있다. 매우 화를 내거나, 극도로 초조하거나, 불안하거나 두려워할 때도 있다. 이럴 때 내면은 유아현(有我現)에서와 마찬가지로 외부의 자극을 감각하고 사고하여 지식을 형성하지만, '나' 자신의 존재를 느끼지 못한 채 그런 일들을 수행한다. 이는 무아현(無我現)이다.

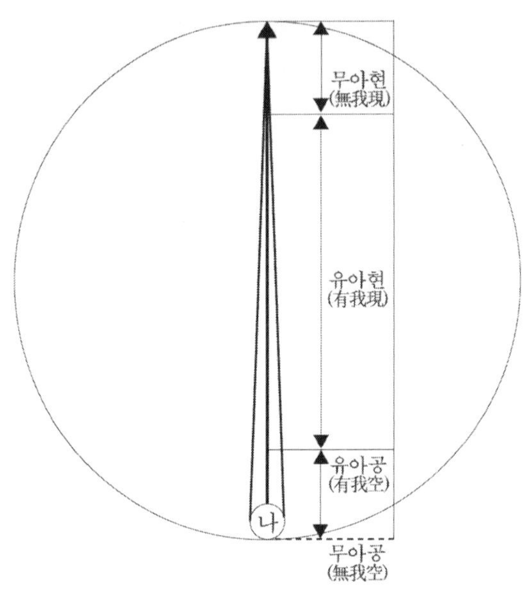

여기에서 물리적 자극을 느끼는 것을 감각성이라 하고, 감정을 느끼는 것을 감정성이라 하며, 이 두 가지를 통합하여 감성(感性)이라 하자. 그리고 자극을 비교 · 구분하고 판단하여 상호관계성을 찾아 서로 연결하여 지식을 형성하는 것을 이성(理性)이라 하자. 이성과 감성은 현(現)의 두 가지 하위 현(現)들로 정신이나 마음의 또 다른 표현이다.

공(空)은 '나'의 에너지가 가장 낮은 상태로 떨어진 비활성(非活性), 움직임이 없는 부동성(不動性), 작용이 정지된 휴식성(休息性), 욕구가 없는 무욕성(無慾性)의 속성을 지닌다. 반면, 현(現)은 '나'의 에너지가 상승된 활성(活性), 움직이는 유동성(有動性), 작용하는 노동성(勞動性), 욕구가 일어나는 유욕성(有欲性) 등의 속성이 있다. 이에 전체적으로 공(空)은 평온성(平溫性), 현(現)은 번뇌성(煩惱性)에 해당한다. '나'는 현(現)에서 활성화되고, 무아공보다는 유아공에서, 유아공보다는 유아현에서, 그리고 유아현보다 무아현에서 더욱 활성화된다. 유아공은 '나'가 가장 낮게 활성화되어 좁은 구간으로 나타나지만, 현(現)은 그곳을 벗어난 나머지 상승 구간에서 무한히 나타난다.

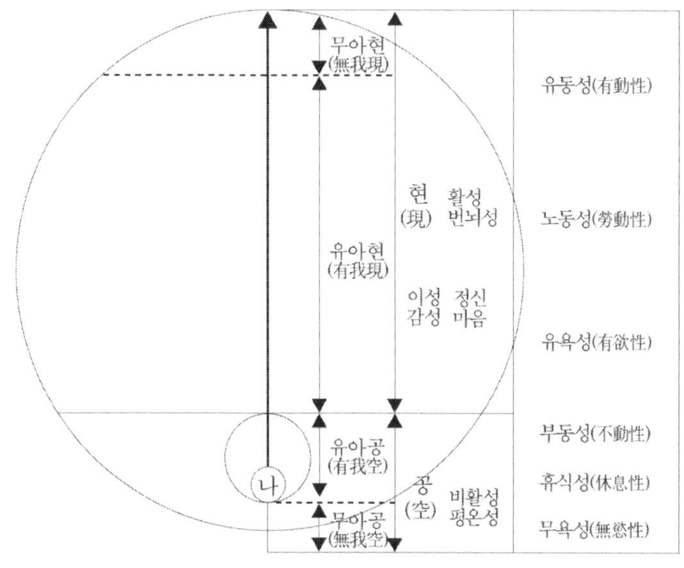

'나'는 사고 작용을 통해 지식을 형성하지 않으려는 공성(空性)으로서의 본성과 욕구를 지니는 한편, 사고 작용을 통해 지식을 형성하고자 하

는 현성(現性)으로서의 본성과 욕구를 동시에 지니고 있다. 일상을 좇아 움직이고, 일하고 다양한 욕구를 추구하는 한편, 움직이지 않고 휴식하고 마음을 비우고 싶어 하는 욕구도 함께 가지고 있다.

이성과 감성

현성의 하위 본성인 이성과 감성을 좀 더 자세히 살펴보자. 인간은 눈, 귀, 코, 혀, 피부를 통해 시각, 청각, 후각, 미각, 촉각 등의 물리적 자극을 감각하는 감각적 본성, 즉 감각성을 가지고 있다. 인간은 이런 감각성으로 인하여 눈으로 시각 자극을, 귀로 청각 자극을, 코로 후각 자극을, 혀로 미각 자극을, 피부로 촉각 자극을 느낀다. 감각된 자극은 두뇌 속에 기억되고, 그에 대한 감정, 즉 정서 자극이 형성되며(감정성), 각각의 자극들은 상호관계성의 원리에 따라 서로 연결되고 구조화되어 감각 지식과 정서 지식으로 형성되며 기억된다. 따라서 감각성은 감정성이나 이성 추구의 기초가 된다. 감각성 없어 외부의 물리적 자극을 감각하지 못하면 감정성이 나타날 수 없고, 자극을 서로 비교 · 구분하고 판단하여 지식을 형성할 수 없어 이성도 나타날 수 없다.

자극을 감각할 때와 마찬가지로 자극들 사이의 상호관계성 원리를 찾아 지식이 형성되면 감정이 생긴다. 이는 인간이 다양한 본성과 욕구를 추구하는 모든 과정에서 감정이 발생할 수 있다는 것을 의미한다. 감정은 크게 기쁨, 즐거움, 쾌락 등의 긍정의 감정과 슬픔, 비애, 분노, 불안 등의 부정의 감정으로 구분할 수 있다. 감정은 감각성이나 이성의 작용을 통해 형성된다.

감성은 삶에 중요한 역할을 한다. 인간은 기본적으로 생명 유지에 필요한 생물학적 기능을 가지고 태어난다. 생명 유지에 필요한 물질을 흡입하고 감각할 필요가 있다. 예컨대, 식사는 생명 유지에 매우 중요한 행위다. 음식에 대해 감각이 없고 감정이 없다면 해롭거나 이로운 물질이 무엇인지 알지 못한다. 음식이 너무 짜거나 달면 몸에 해로울 수 있어 부정적인 감정이 뒤따르고 그 감정으로 나중에 그런 음식을 거부하게 된다. 또한 자신의 감각에 좋다는 감정이 생기면 그 감정으로 자신의 몸에 이로운 음식을 계속 섭취할 수 있게 된다. 이런 감정은 보고, 듣고, 맛보고, 냄새 맡고, 피부로 느끼는 모든 감각과 관련되어 있다. 배고픔을 느끼고 음식을 먹게 되면 즐거움이나 기쁨의 감정이 뒤따르는 것도 마찬가지 이치다. 그 감정으로 인해 인간은 배고플 때마다 식사를 하고 건강과 생명을 유지할 수 있다.

부정의 감정 역시 인간의 생존을 위해 필요하다. 위험한 산이나 낯선 곳에서 불안, 초조, 두려움 등 감정을 갖는 것은 당연하다. 그런 마음으로 주변 상황을 예의주시하고 행동을 조심하여 위험한 상황에 빠지지 않고 자신의 안전을 지킨다. 그러나 그런 감정을 느끼지 못하는 사람은 사고를 당하거나 큰 위험에 빠질 수 있고 생명을 잃을 수도 있다.

한편, 일련의 사고 작용으로 나타나는 이성에는 여러 가지 속성이 있다. 현재성은 현재를 바라보고 그에 대한 지식을 형성하는 정신이며, 비현재성은 과거나 미래를 생각하는 정신을 말한다. 현재성은 '지금'이라는 짧은 순간에 집중하므로 순간의 정신이다. '여기'라는 현재 자기가 처한 외부의 실제 상황에 집중하므로 외향의 정신이다. 외부 자극을 오감을 통해 감각하고 그에 대한 지식을 형성하려 한다. 과거나 미래를 보는 비현재성은 긴 시간에 집중하는 역사와 상상의 정신이다. 과거나 미래에 대한 생각은 모두 내면에서 이루어지므로 내면에 집중하는 내향의 정신이다.

이성의 속성에는 전체성과 부분성이 있다. 전체성은 전체적으로 단순하게 보는 정신이고, 부분성은 부분적으로 세밀하게 보는 정신이다. 전체성은 큰 정신(大性), 단순성, 공공성, 세계성을 나타낸다. 부분성은 작은 정신(小性), 복잡성, 개별성의 속성이다.

이성에는 사실성과 조작성도 있다. 사실성은 있는 그대로 보려는 정신이고 조작성은 변경하여 보려는 정신이다. 사실성은 관조성, 객관성, 진리성, 수용성을 보이는 한편, 조작성은 왜곡성, 주관성, 창조성, 도전성, 개입성 등을 보인다.

이성의 이런 속성은 '나'의 활성도에서 차이를 보인다. 내면이 현재성일 때보다 비현재성의 상태에서, 전체성일 때보다 부분성의 상태일 때, 그리고 사실성일 때보다 조작성의 상태일 때 '나'가 더 활성화되고 더 많은 에너지를 필요로 한다.

이성은 감성과 더불어 우리의 삶에 필수적이다. 전체성과 사실성은 세계를 전체적이고 있는 그대로 보고 세계를 구조화하는 상호관계성의 원리를 깨닫게 한다. 그리고 자신에게 가장 중요한 것이 무엇이며 어떻게 살아야 하는지의 길을 찾아 지혜롭게 살 수 있게 한다. 또한 현재성은 지금 여기에 집중하여 지식을 형성하고 환경에 적응하고 대응하며, 상호

소통할 수 있게 한다. 삶에 필요한 특정 분야의 새로운 지식이나 기술, 사물 등을 발견하거나 창조하는 과정은 모두 부분성과 조작성을 통해 이루어진다. 필요한 문명을 창조하거나 직면한 문제를 해결하는 데 필수적인 이성이다. 비현재성도 과거의 경험을 바탕으로 현재의 판단과 행동의 방향을 결정할 수 있게 하고 미래에 대한 상상으로 앞 일을 대비할 수 있게 한다.

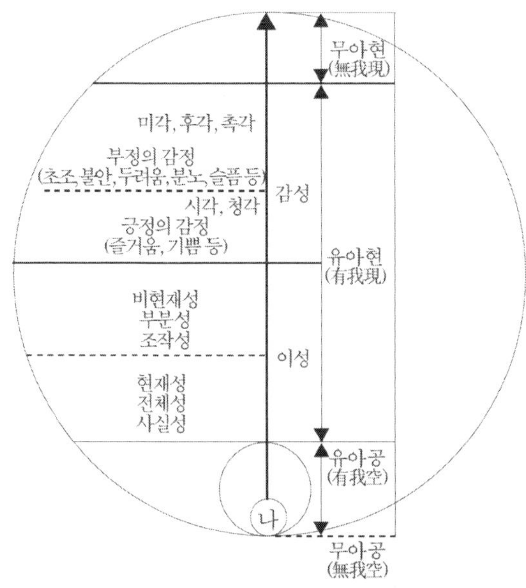

건강한 내면

인간은 누구나 다섯 가지 물리적 자극을 느끼고, 현재와 과거, 미래를 왕래하며, 전체적으로 보기도 하고 부분적으로 보기도 한다. 사실적으로 보고 그것을 자신의 입장에 맞게 조작하면서 지식을 형성할 수도 있다. 이런 과정을 통해 기쁨, 즐거움, 슬픔, 분노, 불안, 초조, 우울 등의 감정을 느끼며 살아간다. 또 누구나 아무런 것도 생각도 하지 않은 채 몸과 마음의 휴식을 경험한다. 인간이 살면서 공성과 현성을 모두 나타내는 것은 자연스럽고 필요한 일이다.

공성(空性)의 내면은 건강하고, 현성(現性)의 내면은 건강하지 못하다고 할 수 없다. 이성의 현재성, 전체성, 사실성은 건강하고, 비현재성, 부분성, 조작성은 건강하지 못하다고 할 수 없다. 마찬가지로 긍정의 감정은 건강하고 부정의 감정은 건강하지 못하다고 할 수 없다.

그러나 과도한 진화에 따른 인지공간의 지나친 성장과 현상 집착으로 질서를 잃고 혼란에 빠진 내면은 분명 건강하지 못하다. 인지공간이 적절한 크기일 때 건강한 내면을 유지할 수 있다. 인지공간이 작으면 '나'의 감각 예민성과 기억의 강도는 약하게 형성된다. 또 인지공간으로 이끌리는 주의와 의식이 적고 대부분의 주의와 의식은 외부 공간으로 향하게 된다. 이런 상태에서 '나'는 외부의 실제 세계에 머물며 세계를 전체적이고 있는 그대로 바라보게 된다. 이때는 주로 현재성, 전체성, 사실성이 나타난다. 한편 상대적으로 내적 주의력이 부족하여 '나'가 내면에 집중하기 어려워 비현재성, 부분성, 조작성은 잘 나타날 수 없다. 그뿐만 아니라 '나'가 기억에 얽매이지 않고 오감의 물리적 자극이나 지식이나 정서자극에 집착하지 않아 현상으로부터 자유로우므로 번뇌의 현성보다는 평온의 공성이 주로 나타난다.

반면, 인지공간이 커질수록 '나'의 감각 예민성과 기억의 강도가 높아진다. 인지공간으로 많은 주의와 의식이 집중되어 내적 사고가 용이해진다. 이 상태에서는 현재성, 전체성, 사실성보다 비현재성, 부분성, 조작성이 더 많이 나타난다. '나'가 강하게 기억에 얽매여 오감의 물리적 자극이나 지식이나 정서자극에 과도하게 집착하여 평온의 공성보다 번뇌의 현성이 더 많이 나타난다.

내면이 건강할수록 주로 평온의 공성에 머문다. 생명유지와 건강에 필요한 경우 현재성, 전체성, 사실성의 현성을 보이고, 더 필요한 경우잠시 비현재성, 부분성, 조작성으로 나아갔다 공성으로 곧장 회귀한다. 이는 현상에 집착하지 않는 자유로운 내면의 모습이다. 그러나 건강하지 못한 내면일수록 현상에 집착하여 주로 번뇌의 현성에 머문다. 현재보다 과거나 미래에 머물며, 전체적으로 보기보다 세밀하고 복잡하게 본다. 있는 그대로 보고 받아들이기보다 조작하고 창조한다. 평온의 공성으로 되돌아오기 힘들고 현상 집착성은 '나'를 더 강한 번뇌로 이끈다.

감성적 측면에서 볼 때, 현상 집착이 없는 건강한 내면일수록 평온을 유지한다. 다양한 감성으로 나아가기도 하지만 곧장 평온의 공성으로 되돌아온다. 이는 다양한 감각 자극이나 감정의 파도가 덮칠 때마다 그 영향을 받지만 바로 평온을 회복한다. 건강한 내면일수록 보고, 듣고, 맛보고, 냄새 맡고, 피부로 느끼지만 그에 집착하지 않아 감각적 번뇌로부터 자유롭다. 사물이나 현상을 서로 비교 · 구분하고 판단하여 상호관계성을 찾아 지식을 형성하고, 지식을 학습하거나 창조하지만 그에 집착함이 없어 지적 번뇌로부터 자유롭다. 또한 좋아하거나 싫어하거나, 즐거워하거나 기뻐하거나, 슬퍼하거나 분노하거나, 초조하거나 불안해하거나, 두려워하지만 그에 집착하지 않아 정서적 번뇌로부터 자유롭다.*

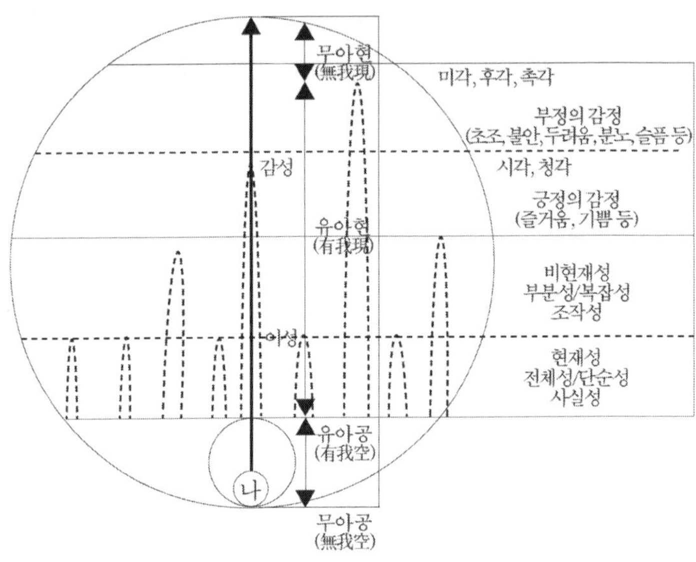

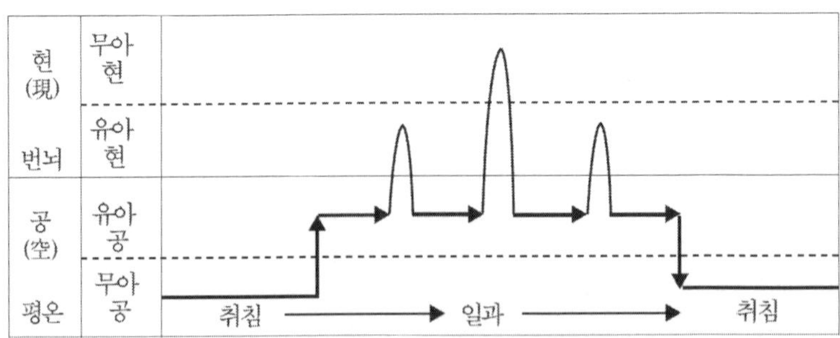

* 아래 그림은 인지공간과 평면도식을 이용하여 '나'의 활성화 정도를 나타낸 것이다. 건강한 내면은 잠을 충분히 자고 일상 중에 주로 유아공에 머물며 가끔 그리고 짧게 유아현이나 무아현의 상태를 보인다는 의미이고, 건강하지 못한 내면은 잠자는 시간도 짧고 일과 중에는 주로 유아현에 머물며 무아현을 오간다는 의미이다.

그러나 건강하지 못한 내면일수록 주로 감성에 머문다. 더 강한 자극이나 감정을 추구하고 그로부터 헤어나지 못하고 평온의 공성으로 쉽게 돌아올 수 없다. 따라서 오감의 물리적 자극에 집착하여 감각적 번뇌로 더 나아가고, 지식에 집착하여 지적 번뇌로 더 나아가며, 또한 긍정이나 부정의 감정에 집착하여 정서적 번뇌를 더한다.

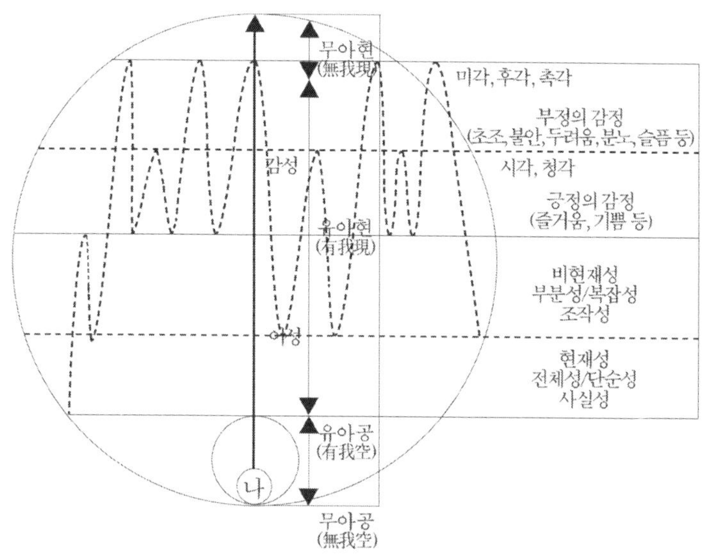

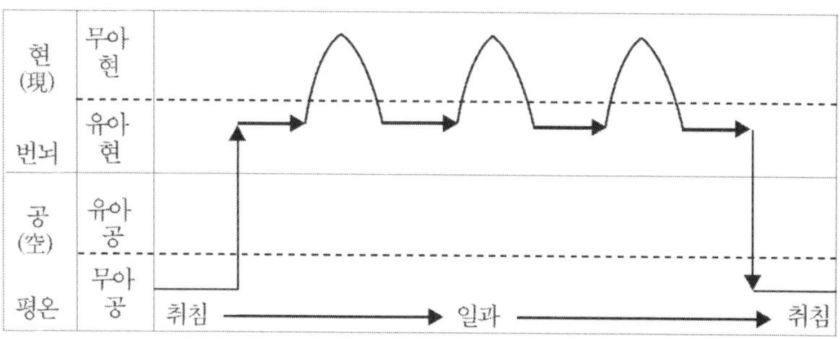

번뇌의 현성은 인지공간의 진화적 압력을 유발한다. 현성은 인지공간의 활성도를 수반하기 때문에 현성이 강하게 나타날수록 진화의 압력도 강해진다.

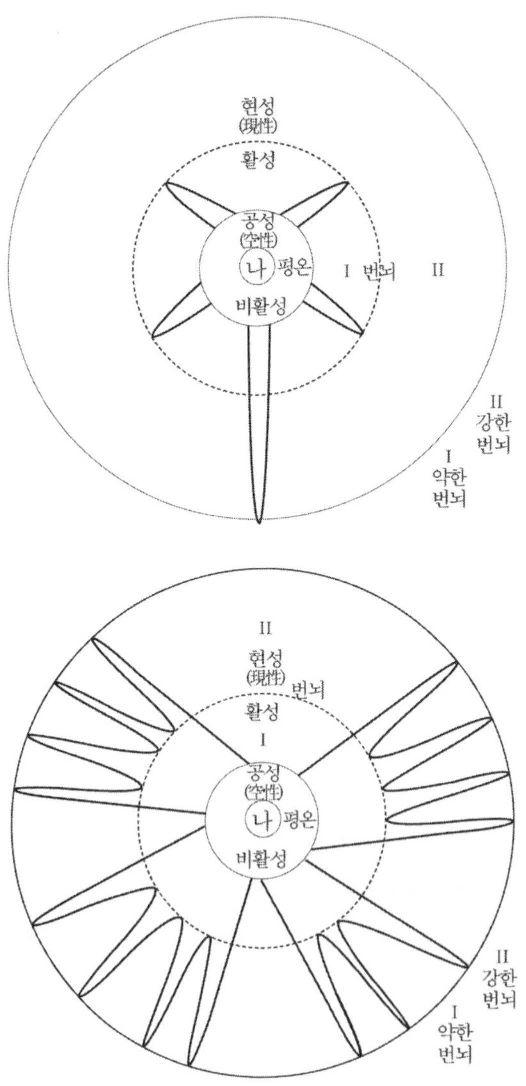

평온의 공성은 인간이 아무런 생각을 하지 않고 완전히 휴식을 취할 수 있는 집에 비유될 수 있다. 건강한 '나'일수록 자신에게 가장 중요한 가치인 생명의 안전과 건강을 위해 필요한 경우에만 집을 떠나고 일이 끝나면 곧장 집으로 되돌아오지만, 건강하지 못한 '나'일수록 맹목적으로 집을 떠나 오래 머물고 더 먼 곳으로 나아가려 하며 실제로 집으로 돌아오고자 하여도 돌아오기가 힘들다. 즉, 내면이 건강한 사람일수록 현성에서 공성으로의 자연적 회복탄력성이 있는 반면, 내면이 건강하지 못한 사람일수록 공성으로 회복하기가 어려워진다.*

오늘날 우리의 내면은 공성보다 현성에 머무는 시간이 더 많다. 우리가 비활성의 평온보다 이성과 감성이 활성화되는 번뇌를 추구하고 있기 때문이다. 우리는 오감의 자극이나 지식, 또는 정서에 집착한다. 즐거움을 줄 수 있는 음악, 미술, 영화, 여행, 음식, 스포츠, 등의 감성적 활동이나 독서, 학습, 연구, 상상, 창작, 창조 등의 이성적인 활동을 끊임없이 추구한다. 더 큰 긍정의 감정을 느끼기 위해 새로운 문명과 문화를 계속 창조한다. 하지만 욕구는 채워지지 못한 채 불만만 더해가고 그만큼 더 강한 부정의 감정들이 양산된다.

우리는 행복이 인간이 사는 궁극적인 목적이며 최고선이라 여긴다. 기쁨, 즐거움, 쾌락 등 긍정의 감정을 느낄 때 행복하다. 그러나 긍정의 감정도 부정의 감정도 없는 평온한 상태에서도 행복을 느낄 수 있다.

---

* 유사 개념으로 심리학에서 회복탄력성(resilience)이라는 용어가 많이 사용되고 있다. 일반적으로 회복탄력성이라는 개념은 제자리로 돌아오는 힘을 일컫는 말로, 주로 시련이나 고난을 이겨내는 긍정적인 힘을 의미한다.

행복은 기쁨, 즐거움, 쾌락 등의 현(現)의 번뇌나 공(空)의 평온을 통해서도 얻을 수 있다. 인간이 이 두 가지 행복 모두를 느끼며 사는 것은 자연스러운 일이다. 번뇌의 행복은 나쁘고, 평온의 행복은 좋다거나, 그 반대도 아니다. 다만 건강한 마음을 위해서는 행복도 건강하게 누려야 한다. 건강한 마음일수록 주로 평온의 행복을 추구하고, 일상의 소박한 번뇌의 행복도 수용하지만 그로부터 자유롭다. 건강하지 못한 마음일수록 평온을 떠나 주로 번뇌의 행복에 머물며 더 큰 번뇌의 행복을 추구한다.

오늘날 우리는 번뇌 행복을 더 추구한다. 평온의 행복에 오래 머물지 못하고 매 순간 즐겁고 기쁘며 쾌락적인 행복을 찾아 헤맨다. 평범한 일상을 통해 자연스럽게 주어지는 소소한 번뇌의 행복에도 만족하지 못하고 더 강한 번뇌를 추구한다. 우리는 번뇌의 행복에 익숙해져 평온의 행복은 더 이상 행복으로 생각하지 않는다. 번뇌의 행복을 진정한 행복으로 여기고 그것을 추구하는 것이 힐링이라고 생각한다. 지구촌 곳곳에 즐겁고 쾌락적인 문명이 널리 확산되고 있다. 우리는 더 이상 평온의 집으로 돌아갈 마음도 없지만, 더 불행한 것은 돌아가고 싶어도 돌아갈 수 없다는 것이다.

나의 활성단계

유아공(有我空)

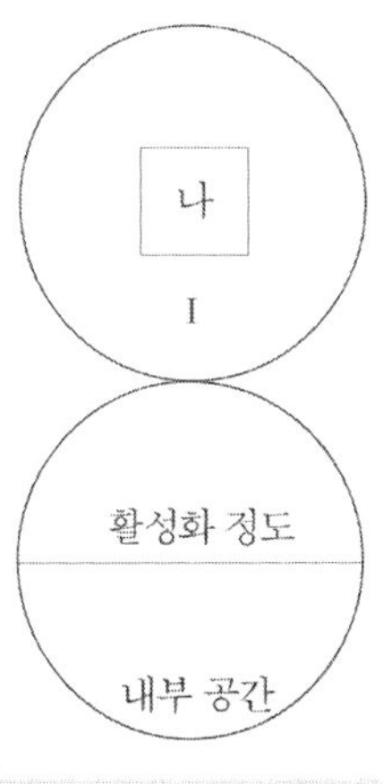

- '나'1: 통제자 '나'1,
  피통제자 '나'0 (통제할 '나'가 없음)
- 통제자=피통제자
- 평온한 '나'
- 분열이 없고 흔들림이 없는 '나'
  (주의와 의식 응집 충만)

유아현(有我現)

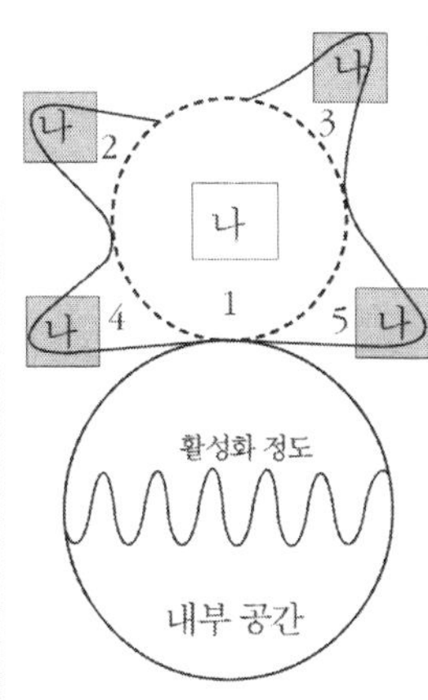

- '나'5: 통제자 '나'1,
  피통제자='나'2, 3, 4, 5(통제할 '나'가 다수)
- 통제자 〉 피통제자(통제 가능)
- 약한 번뇌의 '나'
- 약하게 분열되고 흔들리는 '나'
  (주의와 의식이 약하게 분열된 결핍)

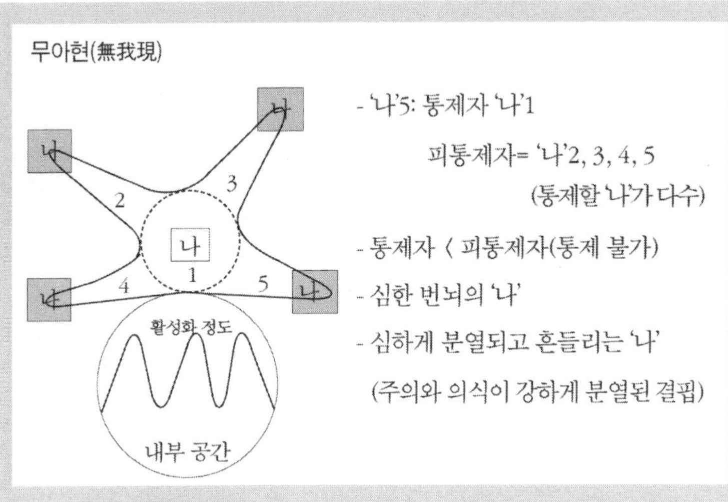

인성론

인성론이란 사람이 본래의 타고난 성품은 정해져 있다는 관점이다. 인간의 본질에 대한 철학적 사고로부터 발전해온 인성론에 대한 관점은 다양하게 나타나지만 그중에서도 크게 세 가지로 나눌 수 있는데 인간의 본성은 선하다는 성선설, 인간의 본성은 악하다는 성악설, 그리고 사람은 선하지도 악하지도 않은 백지 상태라는 성무선악설 등이 그것이다.

성선설(性善說)

중국 유학의 5경에서 보면 사람의 성품에 관한 이론들이 보이고, 이를 체계화한 것이 맹자의 성선설이다. 『중용 (中庸)』에서는 "천명을 성이라 이른다"(天命之謂性)고 하여 성은 하늘이 사람에게 부여한 것, 사람이 날때부터 갖추고 있는 것으로 규정했는데, 맹자는 이것을 선이라고 본 것이다. 맹자에 따르면 사람의 본성은 의지적인 작용에 의하여 인간의 덕성(德性)을 높일 수 있는 단서(端緖)를 천부적으로 갖추고 있다고 보았는데 측은(惻隱) · 수오(羞惡) · 사양(辭讓) · 시비(是非) 등의 마음이 4단(四端)이며 그것은 각각 인(仁) · 의(義) · 예(禮) · 지(智)의 근원으로부터 나온다.

맹자는 불쌍히 여기는 마음(측은지심)이 없는 것은 사람이 아니고, 부끄러운 마음(수오지심)이 없으면 사람이 아니며, 사양하는 마음(사양지심)이 없으면 사람이 아니며, 옳고 그름을 아는 마음(시비지심)이 없으면 사람이 아니다 하였다. 이런 뜻에서 인간의 성(性)은 선(善)하며, 공자(孔子)의 인도덕(仁道德)은 선한 성을 본질로 여김으로써 후대에 예질서(禮秩序)의 중요성을 강조하기도 하였다.

서양에서의 성선설 주장은 헬레니즘 시대의 스토아 학파를 들 수 있다. 스토아 학파는 자연에 근거하여 공동의 이성 법칙을 강조하고 인간은 단지 자연의 이성 법칙에 따라서 행하기만 하면 이것이 최고로 선(善)한 행위라고 생각했다. 이러한 관점은 키게로(Ciecero, B. C. 106~43)와 세네카(Ceneca, B. C. 4~A. D. 65)에서부터 루소에 이르러 정점에 이르게 된다. 루소는 인간의 본성은 본래 선한 것인데, 문명과 사회제도의 영향을 받아 악하게 되었다고 생각하였다. 그는 "자연이 만든 사물은 모두가 선하지만 일단 인위(人爲)를 거치면 악으로 변한다"고 하였다. 피히테(Fichte, 1762~1814), 프뢰벨(Fröbel, 1782~1852) 등도 인간의 품성이 선하다고 보았다.

성악설(性惡說)

순자는 성악설을 주장하여 "인간의 성품은 악하다. 선한 것은 인위(人爲)다"라고 하였다. 이것은 선은 선천적인 것이 아니라 후천적이라는 것이다. 즉, 선은 타고나면서부터 가지고 나오는 것이 아니라 인위적인 결과인 것이다. 순자는 인간은 출생과 더불어 품성적으로 악하다는 한계를 지어버렸는데, 그러므로 순자의 선은 인위(人爲)로써 인간이 노력하면 성취되는 것으로 보았다. 이를 일러 '화성기위(化性起僞)'라 하였다. 이것은 후천적인 작위에 의하여 기질을 변화시킴으로써 선하게 될 수 있다는 것이다. 성악설은 사람이 태어나면서부터 가지고 있는 감성적(感性的)인 욕망을 고찰하고, 그것을 방치해 두면 사회적인 혼란이 일어나기 때문에 방치하는 그 자체가 악이라는 것이며, 따라서 수양은 사람에게 잠재해 있는 것을 기르는 것이 아니라 외부의 가르침이나 예의에 의하여 후천적으로 쌓아 올려야 한다고 하였다.

이러한 순자의 관점은 행위 규범으로써의 예(禮)를 강조한 점에 잘 나타나 있다. 맹자는 인간의 내심을 성찰을 위주로 후세의 성리학의 이기 심성 철학(理氣心性哲學)에 영향을 준 반면에, 순자는 예의법정(禮儀法正)을 강조하여 법가(法家)사상이 나오게 될 계기를 주었던 것이라 하겠다. 중국의 성악설은 순자의 제자인 이사와 한비자가 진시황제 시기에 법가 사상을 주도한 인물이었다는 사실로 증명된다고 할 수 있다.

서양에서는 기독교 윤리 사상에서의 원죄설에서 찾아볼 수 있다. 원죄는 인간이 타고나면서 죄를 짓고 출생했다는 관점으로 인간의 본성이 악하다는 데 의심할 여지가 없다. 이는 중세의 아우구스티누스(Augustinus, 354~430)로 이어졌고, 그 후 마키아벨리(Marchiavelli, 1447~1527)로 계승되는데, 마키아벨리는 당시 이탈리아 사회의 부패를 직접 보고 인간의 본성이 악하다고 단정하였고, 사회 계약론자 홉스(Hobbes, T., 1588~1679)는 자연 상태를 "만인의 만인에 대한 투쟁 상태"라 가상하여 인간의 본성이 악하다는 것을 단정 지었다. 마지막으로 염세주의 철학자 쇼펜하우어(Schopenhauer, 1788~1860)는 죄악이 인간 본성 가운데 뿌리 깊게 박혀 있기 때문에 제거할 방법이 없다고 하였다.

성무선악설(性無善惡說)

고자(告子)는 인간의 품성은 선하지도 악하지도 않다고 하였다. 그는 "인간의 본성이 선과 불선(不善)으로 나뉘어 있지 않은 것은 마치 물이 동서로 나뉘어 있지 않은 것과 같다"고 하여, "사람의 본성은 본래 선도 아니고 악도 아니며, 다만 교육하고 수양하기 나름이며 수행의 과정에서 그 어느 품성으로도 될 수 있다"는 주장이다.

에라스무스(Erasmus, D., 1446~1536)가 인간이 태어났을 때에는 완성되지 않은 밀납과 같다고 한 것은 성무선악설의 관점과 부합하며, 로크(Locke, J., 1623~1704)는 인간의 마음이 백지와 같다고 하여 인간의 마음이 선하지도 악하지도 않다는 것이다. 로크의 이 관점을 백지설이라고 하기도 한다. 칸트도 "도덕상의 선악이 인간의 이성과 개인의 의지 이외의 어떤 것에도 영향을 받지 않는다"라고 주장하였으며, 인성

중에서 선에 대한 자질과 악에 대한 자질이 동시에 공존한다고 보았다. 듀이(Dewey, J., 1859~1952)도 인성의 본질에는 선악이 없고, 환경의 영향으로 선해질 수도 악해질 수도 있다고 보았다.

[출처: 통합논술 개념어 사전](2007. 12. 15, 한림학사)

내면장애*

오늘날 자연스럽게 공의 평온을 회복하지 못하는 우리의 내면은 크게 또는 작게 건강한 상태를 벗어나 장애를 가지고 있다. 어떤 사람들은 증상이 경미하고 일시적인 어려움을 경험하면서 산다. 어떤 사람들은 인식하지 못한 채 심각한 증상들을 평생 안고 괴로워하며 살아가기도 한다. 내면장애의 다양한 증상들은 단 하나의 원인, 과도하게 성장한 인지공간에서 비롯된다. 이는 '인지공간장애'이다. 내면장애는 인지공간장애로 층층이 유발되는 다양한 장애증상이다. 인지공간장애가 발생하면, 1차적으로 감각이 지나치게 예민하고, 기억이 강하게 형성되는 증상이 나타난다.* 다소 강한 빛이나 큰 소리에도 매우 놀라는 과잉반응을 보이고, 과거의 경험에 대해 아주 자세하고 생생하게 기억한다. 이는 각각 '감각과예민'과 '기억강도 과다' 증상이다.

* '내면장애'와 이어지는 '내면질환'의 핵심 내용은 저자의 논문 「조현병 발생 메커니즘 탐구」(정서행동장애연구, 2019)에 소개되었다.

* 인지공간장애로 층층히 초래되는 장애증상들은 사람에 따라 그 정도가 매우 다양하게 나타나지만 현실적으로는 매우 심각한 경우에만 장애로 진단을 내린다.

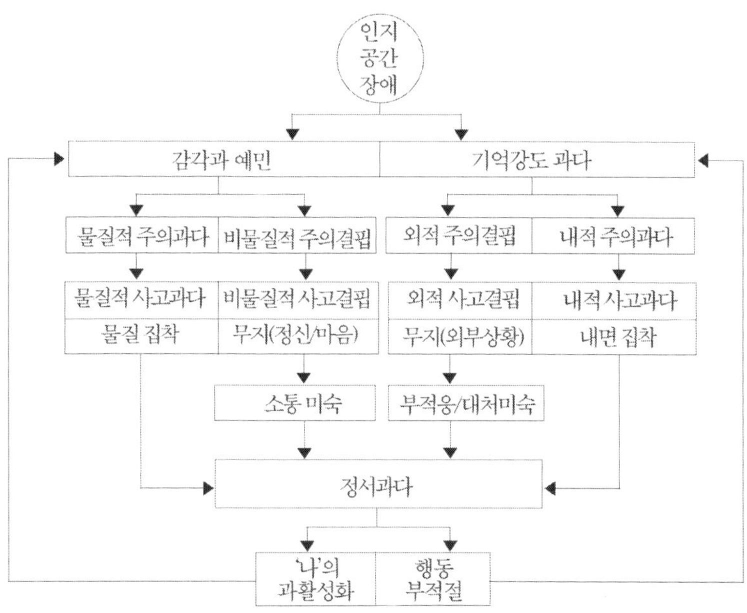

감각 과예민은 '물질적 주의과다'와 '비물질적 주의결핍'을 초래한다. 소리, 빛, 색, 모양, 맛, 향, 냄새, 느낌 등의 물질적 자극으로 지나치게 많은 주의가 이끌려 그에 과다하게 의식이 집중된다. 한편, 인간의 정신이나 마음과 같은 비물질적인 자극으로 이끌리는 주의는 상대적으로 감소한다. 이는 정신과 마음이 표현되는 눈빛, 표정 등과 같은 사회적 자극들에 대한 주의집중 약화로 나타난다. 한편, 기억강도 과다는 '내적 주의과다'와 '외적 주의결핍'을 야기한다. 강하게 형성된 기억은 주의를 내면으로 끌어들여 내적으로 주의가 집중된다. 이에 외부세계로 향하는 주의의 양은 상대적으로 부족해진다. 이들은 인지공간장애의 2차적 증상이다.

'물질적 주의과다'로 물질에 집착하고 그에 대해 과도한 지식을 형성하는 한편, '비물질적 주의결핍'으로 인간의 정신과 마음에는 관심이 약하고 그에 대한 지식 부족과 무지가 발생한다. 한편, 외적 주의결핍으로 외부 상황을 전체적이고 있는 그대로 보지 못해 끊임없이 변화하는 외부 실제 세계에 대한 무지를 초래한다. 또한 주의가 내부로 집중되면 그로부터 자유롭지 못하게 된다. 내면에 머물며 부분적으로 세밀하고, 과거나 미래에 대해, 조작적으로 사고하는 '내면 집착'과 '내적 사고과다' 현상이 나타난다. 이들은 인지공간장애의 3차적 증상이다.

감성과 이성의 본성을 지닌 인간에게 집착은 물질적 자극에 대한 감각적 집착, 상호관계성이라는 지적 자극에 대한 이성적 집착, 정서자극에 대한 감정적 집착으로 나타난다. 이에 호불호가 분명한 성격을 보여 즐거움, 기쁨, 쾌락 등의 긍정의 감정을 느낄수 있는 활동을 추구한다. 긍정의 감정을 주지 않거나 부정의 감정을 느끼게 하는 활동은 강하게 회피한다. 음식, 노래, 춤, 그림, 공예, 영화, 여행, 게임, 스포츠 활동 등을 통해 감성적 즐거움을 지나치게 추구하거나, 독서, 학습, 학문 등으로 이성적인 즐거움에 집착한다. 한편 내적 사고과다로 인해 지적 수준이 높을수록 생각이 많고 복잡하여 내면에 휴식이 부족하고, 주관적이고 비현재적이거나 조작된 사고를 자주 한다. 말이나 책을 통한 지식 습득을 즐기고 자신만의 사고를 구축하려고 하므로 언어성, 학습성, 또는 창의성 등을 강하게 보이는 동시에 자신의 지식이나 주관적 생각에서 벗어나기 힘들다.

집착과 내적 사고과다는 다시 특정 동작이나 행위를 반복하거나, 특정 분야나 활동에 과도한 관심과 흥미를 갖게 한다. 특정 분야에서 지나치게 지식을 형성하여 전문성을 보인다. 반면, 외부 실제 상황과 인간의 정신과 마음에 대한 무지는 다시 부적응과 대처미숙, 소통미숙으로 이어진다. 인지공간장애의 4차적 증상이다.

익숙한 환경을 고집하고 새로운 변화를 거부하며 역동적인 환경에 잘 적응하지 못한다. 사람들과 생각이나 감정, 관심 등을 공유가 어렵고 공통의 대상을 응시하거나 공통의 주제를 찾는 일이 쉽지 않다. 자신의 관심사를 중심으로 혼자 즐기거나, 상대방에게 공유를 강요하기도 한다. 소통이 원활하게 진행되지 못하고 막히거나 대립한다.

인지공간장애 증상들은 여기서 멈추지 않는다. 층층이 나타나는 1, 2, 3, 4차적 증상들은 과도한 감정들을 유발하고 내면에 쌓이게 한다. 그로 인해 정서적으로 어려움을 겪게 된다. 감각 과예민으로 사소한 자극에도 정서적으로 쉽게 동요된다. 기억강도 과다로 기억된 감정에 얽매여 정서가 재활성화 될 수 있다. 물질 집착으로 인해 감각적이거나 지적인 활동을 지나치게 추구하고 그에 대한 욕구 충족이 방해를 받을 때면 과다한 감정이 발생할 수 있다. 내적 사고과다로 사고가 조작되고 그로 인해 격한 감정이 생겨날 수 있다. 무지와 부적응 및 대처미숙으로 환경이나 생각의 변화에 잘 적응하거나 대처하지 못해 과다한 감정이 생길 수 있다. 소통미숙으로 사람들과 교류가 어려워질 때, 과도한 감정이 발생할 수 있다. 이는 '정서과다증'이고 인지공간장애의 5차적 증상이다.

정서과다가 발생하면 '나'는 크게 동요하고 활성화되어 주로 유아현(有我現)에 머물게 된다. 즐거움을 추구하거나, 부정적인 상황, 사람, 감정을 회피하거나 해소하기 위해 특정 행위나 활동을 반복하는 강한 집착이나 중독을 보일 수 있다. 뿐만 아니라 장애의 여러 증상들로 경험하게 되는 실패나 좌절로 자아가 위축된다. 무기력, 자신감 및 자존감 상실 등이 나타나고 자신의 처지에 분노하게 된다. 분노가 자신으로 향하면 자학이나 자해를 할 수 있고 심한 경우에는 자살로 이어질 수 있다. 분노의 원인을 특정 혹은 불특정의 타인, 또는 사회나 환경의 탓으로 돌려 범법 행동이나 폭력, 살인 등과 같은 부적절한 반사회적 행동을 보일 수도 있다. 이는 인지공간장애의 6차적 증상이다.

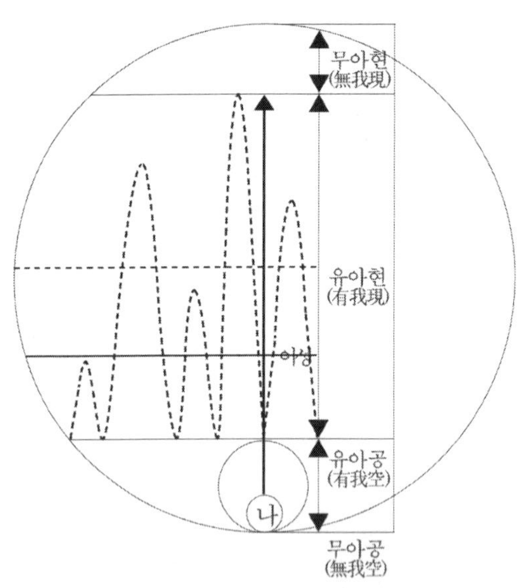

'나'가 활성화된다는 것은 '나'의 본성이 강해지고 욕구가 강해진다는 것을 의미한다. 인간은 이성과 감성이라는 본성 때문에 자극을 느끼려는 욕구, 지식을 형성하려는 욕구, 감각하거나 지식을 취하면서 형성된 감

정을 느끼려는 욕구가 일어난다. 따라서 '나'가 활성화될수록 감각, 사고, 감정 등이 예민해지고 그에 대한 활동이 증가하고 강화된다.

신체 기관 중에서 두뇌는 에너지를 가장 많이 사용하는 부분이다. '나'가 활성화되면 보다 많은 에너지를 사용한다. 지식을 형성하는 이성작용과 감정을 느끼는 감성작용 모두 '나'를 활성화시킨다. 하지만 이성작용보다는 감성작용이 더 많은 에너지를 소모하고 '나'를 더 높게 활성화시킨다. 감성작용 중에서도 즐거움이나 기쁨과 같은 긍정의 감정보다 초조, 불안, 두려움 등과 같은 부정의 감정이 더 많은 에너지를 소모하고 '나'를 더 활성화시킨다. 이성작용에서는 전체성보다는 부분성이, 사실성보다 조작성이나 창의성이, 집중적인 주의와 의식을 더욱 필요로 하고 더 많은 에너지가 소모되며 '나'를 더욱 활성화시킨다.

'나'가 활성화된다는 것은 무엇인가에 붙들린 집착 상태에서 보다 많은 의식과 주의집중을 필요로 한다. '나'가 쉼이 없이 평온하지 않다. 내면의 다양한 기억 자극의 영향을 받고 있다는 뜻이다. 자극은 어디에 있든 그것은 모두 에너지다. 기억 자극이 많거나 강할수록 인지공간은 더 많은 에너지를 지니게 된다. 두뇌 속에 강한 자극을 과도하게 저장한다는 것은 마치 '나'가 뜨거운 불 옆에 묶여 있는 상황에 비유될 수 있다. 불이 뜨거울수록 '나'는 더 활성화되어 번뇌하고 쉼의 평온한 내면으로 돌아가기 힘들어진다.

진화를 거듭해온 인지공간은 사람마다 크기가 다르기 때문에 인지공간장애는 사람마다 정도가 다르다. 그리고 같은 수준의 인지공간장애를 지니고 있어도 증상의 양상과 정도는 개인차가 있을 수 있다.* 어떤 사람은 증상들이 모두 심하게 나타나는가 하면, 어떤 사람은 심하게, 또 어떤 사람은 약하게 나타날 수 있다. 또 어떤 사람은 그 모든 증상이 매우 약하게 나타나기도 한다.

인지공간장애의 증상이 양상과 정도 면에서 다양한 것은 지능과도 관련이 있다. 같은 크기의 인지공간으로 동일한 수준의 인지공간장애에서 지능이 높을수록 증상은 약하게 나타날 수 있다. 언어능력 또한 장애 증상의 정도를 결정하는 또 다른 이유가 될 수 있다. 언어능력과 지능이 높으면 완벽하지는 않지만 적응, 대처, 소통 등에 큰 문제가 없을 수 있다. 현실 생활에 큰 불편함이 없고 과도한 내적 주의집중력과 내적 사고능력으로 학습능력이나 창의력이 오히려 자신의 지능 수준 이상으로 나타날 수 있다. 그로 인해 인지공간장애 자체가 가려질 수 있다. 성장하면서 증상이 개선될 수도 있고 성인기에는 자세히 보아야 그 흔적을 발견할 수 있다. 반면 인지공간장애가 심하고 지능이나 언어능력이 낮은 경우는 모든 증상이 심하게 나타난다. 이런 개인차는 증상의 치유 속도나 효과면에서 차이를 보일 수 있다.

오늘날 우리가 경험하고 있는 개인적, 사회적 혼란 및 갈등, 환경의 위기 상황은 인지공간장애를 지닌 인류가 문명을 추구하는 과정에서 나타나는 현상이다. 인류의 역사가 오늘에 이르기까지 안정과 평화에 안착

---

* 인지공간장애의 하위 증상들은 장애 진단에 기준이 되고 있다. 예를 들어, 소통미숙이 심하면 사회적 의사소통장애 진단에, 소통미숙(사회적 상호작용과 의사소통)과 특정동작이나 행동의 반복성이나 특정분야나 활동에 과도한 관심과 흥미의 증상은 자폐스펙트럼장애 진단에, 그리고 정서과다는 불안장애, 우울장애, 강박장애 등 다양한 정서행동장애 진단에 기준이 된다. 현실적으로는 매우 심할 경우만 장애 진단을 내리고 있다.

하지 못하고 혼란 속에 있을 뿐만 아니라 생존의 위기 상황에 처하게 된 것은 인지공간장애로 인해 내면장애를 가진 역사의 지도자들과 무관하지 않다. 그들은 평균이상의 지적 수준과 심한 장애 수준에서 발현된 비범한 능력으로 스스로를 속이고 남도 속일 수 있었다. 현상에 대한 강한 집착과 식을 줄 모르는 열정이 있고, 빠르고 복잡하게 사고할 수 있었다. 독서나 학습 등을 통한 지식과 상상이나 창의적 사고를 통해 방대한 지식을 형성했다. 뛰어난 언변이나 필력으로 이상적인 비전을 제시하고 그 실현을 위해 남다른 의지를 펼쳤다. 인류는 이런 지도자들의 비범함에 이끌려 그들이 제시한 이상적인 삶을 꿈꾸고 실현하느라 겪지 않아도 될 과도한 고통을 겪었다. 아직까지 방향도 알지 못한 채 어디론가 끝없이 행진하고 있을지도 모른다.*

내면 질환

내면 질환은 '나'가 최고조로 활성화되어 주로 무아현 상태에 머물며 자신의 존재를 느끼지 못한 상태를 말한다. '나'가 최고조로 활성화되면

* 역사적으로 위대한 인물들이 자폐스펙트럼장애로 인해 뛰어난 업적을 이룩할 수 있었으며 문명 발달이 자폐스펙트럼장애의 동력에 기초한다는 인식이 이루어지고 있다. 아일랜드 트리니티대학(Trinity College) 피제랄드 교수(M. Fitzgerald)의 연구, Autism and creativity: is there a link between autism in men and exceptional ability?(East Sussex: Brunner-Routledge, 2004); *The genesis of artistic creativity: Asperger's syndrome and the arts* (Jessica Kingsley Publishers, 2005); M. Fitzgerald, & B. O'Brien, *Genius Genes: How Asperger Talents Changed the World* (Autism Asperger Publishing Company, 2007)등과 자폐스펙트럼장애를 앓은 템플 그랜딘(Temple Grandin) 교수의 TED 연설(The world needs all kinds of minds: 세상은 왜 자폐를 필요로 하는가) 참조.

이성 기능과 감성 기능이 동시에 극단적으로 활성화된다. 생각이 지나치게 많아지고 감각과 감정에 집착하게 된다. 한편 '나'가 기억에 강하게 붙들려 절대적으로 영향을 받게 되고 주의와 의식이 과도하게 분산되고 기억의 세계에 빠질 수 있다. 과도한 내적 주의 및 의식의 분산은 왜곡되고 분열된 사고를 증가시킨다. '나'가 가용할 수 있는 의식이 부족하게 되어 사고력과 판단력이 현저하게 떨어진다. 필요한 곳에 주의집중하기가 어려워져 기억이 잘 형성되지 않는 등 인지 현상 전반에 퇴행을 보인다. 현실에 적응하고 대처하거나 사회적 소통 전반에 걸쳐 어려움을 겪게 된다. 심리적인 혼란에 빠지게 되고 사회적 상황으로부터 심하게 위축되어 고립적인 상태에 놓일 수 있다. 감각, 인지, 정서, 행동 등 모든 영역에서 부적절성이나 비정상성이 나타난다.

내면 질환 상태에서 '나'는 잠시 유아현(有我現) 상태가 되기도 하지만 유아공(有我空)의 상태로 회복하기는 어렵다. 어떤 자극을 느끼고 무슨 생각을 하며 어떤 감정을 느끼는지 잘 알지 못하는 상태이기 때문에 스스로를 조절하거나 통제할 수 없다.

내면 질환은 환경적 요인이나 유전과 환경의 상호작용에 의해 발생한다. 전자의 경우는 치료나 치유를 통해 쉽게 완치될 수 있지만 유전적 기반을 지닌 경우에는 평생에 걸친 지속적인 치료나 치유가 필요하다. 유전적 취약성이란 인지공간장애를 말한다. 인지공간장애를 지닌 사람은 내면장애로 인해 '나'가 기본적으로 과도하게 활성화되어 있다. 이들에게는 특별한 환경적 원인이 없어도 이성과 감성 전 영역에서 '나'가 과도하게 활성화되고 장애증상들로 인해 재활성화될 수 있는 유전적 취약성을 안고 있다. 그 이상으로 '나'를 활성화시키는 특별한 경험을 하게 되면 '나'는 최고조로 활성화된다.

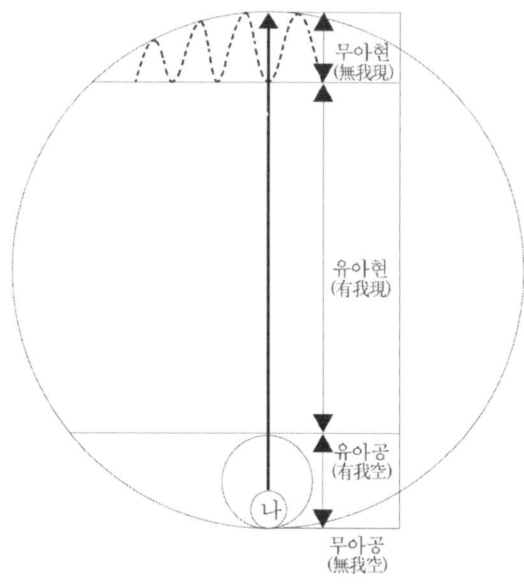

내면 질환을 초래할 정도로 '나'를 최고조로 활성화시킬 수 있는 환경적 요인은 다양하다. 사랑하는 친구나 가족의 사고, 죽음, 이별, 그들과의 심한 불화, 부모의 강한 억압이나 통제, 과도한 기대심리, 청소년기 심한 사회적 고립, 과중한 학업 부담이나 실패, 학령기 이후 직장생활 부적응 등과 같이 부정의 감정들을 낳게 하는 경우가 해당된다. 마약, 커피, 흡연 등 기호식품이나 자극성이 강한 음식도 '나'를 활성화시킬 수 있다. 과도한 빛과 소음에 지속적으로 노출될 수밖에 없고 삶의 다양한 분야에서 과도한 경쟁을 피할 수 없는 도시의 환경도 '나'를 추가적으로 활성화시킬 수 있다.

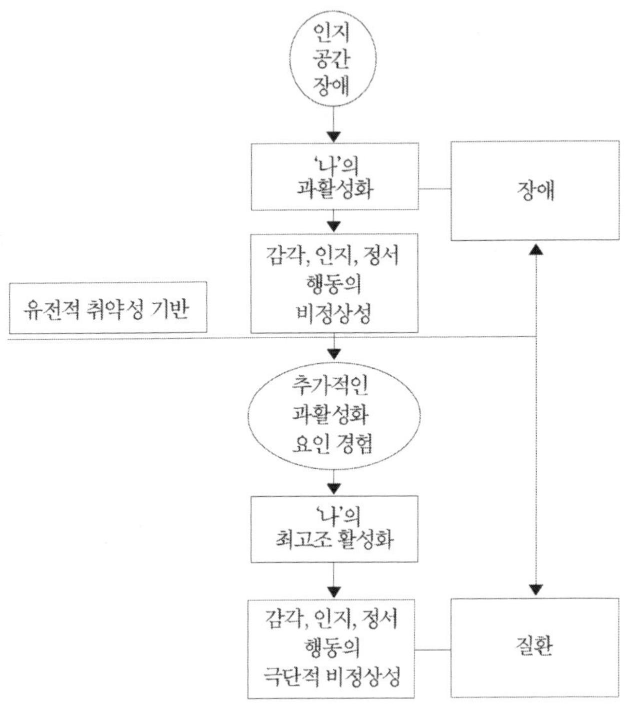

발달 단계상 내면 질환이 발병하는 주요 시점이 있다. 흔하지 않지만 아동기에 발병할 수 있다. 인지공간장애가 심하고 지적 수준이 낮을수록 조기에 발병할 가능성이 높다. 가족으로부터 환경이나 정서적으로 적절한 지원을 받지 못할 때 발병한다. 빈번하게는 사회성과 학업 능력이 크게 요구되는 청소년기에 발병할 수 있다. 청소년기는 신체의 급격한 성장과 불균형적인 호르몬 분비 등 생물학적 변화가 심하다. 정서적으로 예민하고 '나'의 동요가 심한 시기다. 친구나 가족 등과의 인간관계나 학업상의 어려움 등으로 과중한 스트레스를 지속적으로 받으면 발병할 수 있다. 교우관계나 학업 면에서 큰 어려움 없이 청소년기를 통과하더라도 직장생활, 결혼 등 사회성이 크게 요구되는 성인 초기에 과도한 스트레스를 받는다면 발병할 수 있다.

내면 질환의 증상은 개인의 특성에 따라 다른 양상을 보인다. 일반적으로 우울증이나 조울증은 우울, 슬픔, 분노, 초조, 불안 등의 감성적 증상들이 주를 이룬다. 조현병은 환청, 환각 등이 주요 증상이다. 우울증과 조울증은 감성 영역의 마음질환이고, 조현병은 이성 영역의 정신질환으로 세분되기도 한다. 인지공간의 특성에 따라 '나'가 최고조로 활성화될 때 어떤 사람은 감성적 증상이 증폭되고 어떤 사람은 이성적 증상이 활성화된다.

환경 장애와 질환

삶의 환경이란 자연 환경과 인간이 조성한 문명 환경을 포함한다. 지구는 하나의 자연 생명체로서 인간이 생존하는 자연 환경이다. 그 안에 인간이 조성한 사회는 문명 환경이다. 인간은 주어진 자연 환경과 자신이 만든 문명 환경에 의존하고 적응하면서 살아간다. 문명 또한 자연적으로 주어진 인간 능력의 산물이고 생존을 이어가기 위해 문명의 창조는 필수적이다. 그러나 인간이 만든 문명은 자연의 훼손으로 이어져 자연의 건강을 위협하거나 파괴할 수 있다. 우리 몸 속에서 암은 그 규모가 작을 때는 제한적인 위치를 점유하고 큰 힘을 발휘하지 못해 전체적으로 건강을 유지할 수 있다. 하지만 그 규모가 과도하게 커질 때까지 방치하여 세력이 강해지면 생명을 위협하게 된다. 인간과 문명의 관계 또한 이와 같다. 문명 창조 자체는 문제가 될 수 없다. 다만 그 방식이나 규모에 따라 인간에게 해악이 될 수 있는 필요악과 같은 면이 있다.

인간의 건강한 삶의 환경은 건강한 자연 환경과 인간의 중요한 가치를 훼손하지 않고 유지할 수 있는 문명 환경이어야 한다. 그런 환경은 인간의 생명에 위협 요소가 적고 안전하며, 내면장애를 초래할 정도로 진화적 압력을 행사하는 과도한 번뇌를 요구하지 않아야 한다. 또한 오직 인간의 건강을 유지하거나 회복하는 데 필요한 문명을 창조하고 그로 조성되는 환경이어야 한다. 이런 삶의 환경을 자연중심 문명사회라고 한다.

인간에게 내면장애나 내면질환이 있듯이 삶의 환경에도 장애나 질환이 있다. 지구는 하나의 거대한 생명체다. 인간과 마찬가지로 다양한 부분으로 구성되어 있고 각 부분은 특정한 기능을 수행하며 지구 전체의 생명과 건강을 유지한다. 지구는 크게 대기층과 지층으로 구성되어 있다. 지층은 다시 표층과 심층으로 구성되어 있다. 표층은 땅과 바다, 물, 식물, 동물 등으로 구성되어 있고, 심층은 지구 핵과 에너지로 이루어졌다.

오늘날 지구의 대기층과 지층 모든 부분에서 건강을 심하게 잃어가고 있다. 오존층이 파괴되고, 공기와 물과 바다와 땅이 오염되었다. 많은 종의 식물과 동물들이 사라지고 있고, 사막화가 진행되고 있으며 양극에 쌓여 있는 빙하는 점점 소실되고 있다. 오존층 파괴, 사막화, 빙하 소실 등은 원래의 상태로 회복될 수 없기 때문에 치료나 치유가 불가능한 장애이다. 공기와 물과 바다와 땅 등의 심각한 오염은 치료나 치유를 통해 호전시킬 수 있는 질환이다. 지구의 이런 장애나 질환으로 인해 자외선 차단의 문제, 대류와 조류의 순환의 문제, 기후 위기, 전염병 확산 등의 또다른 장애나 질환이 발생하고 있다. 이는 마치 인간의 피부를 보호할 방호막이 무너져 병균이 피부로 침입하고, 오염된 물과 공기 흡입으로 다양한 질병이 나타나고 몸 전체의 혈액이나 에너지의 순환이 균형을 잃어 병약한 상태에 놓이는 것과 같다.

오늘날 우리는 자연중심이 아닌 인간중심 문명사회에서 살고 있다. 복잡하고 무분별한 문명과 맹목적인 문명 추구로 과도한 사고의 번뇌에 사로잡혀 있다. 인지공간의 진화적 압박을 강하게 받으며, 생명 안전과 건강보다 즐거움과 편리함을 추구하는 환경에서 살고 있다. 사회 곳곳에 거대한 양의 지식과 정보가 넘쳐나고 도서관과 연구소 등이 계속 조성되고 있다. 지식에 집착하여 과도하게 탐구하고 학습하고 있다. 새로운 지식이나 기술을 개발하고 새로운 문명을 창조하기 위해 창의 활동에 주력하고 있다.

사회는 필수적인 의식주에서부터 기계, 자동차, 책, 노래, 미술, 스포츠에 이르기까지 모든 분야에서 무분별하고 과도하게 생산하고 있다. 거대한 건축물과 복잡한 도로 건설, 도시집중화도 확산되고 있다. 이런 문명 환경은 질환이다.

인간 때문에 생물 50% 멸종 중…지금은 인류세일까

지구는 46억 년 전 탄생한 이래로 숱한 변화를 거쳤다. 변화의 요인은 다양했다. 기후 변화 · 지각 활동 · 운석 충돌 등 여러 원인이 지구를 때로는 차디찬 얼음별로, 때로는 녹음이 우거진 우림으로 바꿔놓았다. 환경이 바뀔 때마다 지구를 지배하던 생물들도 바뀌어 갔다. 이제는 전에 없던 새로운 요인이 지구를 또 다른 별로 바꿔놓고 있다. 그 요인은 바로 인간이다.

지난 1월 지구의 현재 지질시대를 '인류세(人類世, Anthropocene)로 분류해야 한다는 주장이 제기됐다. 미국 · 영국 · 프랑스 · 캐나다 등 12개국 연구자 24명으로 구성된 국제지질학연합(IUGS) 산하 국제연구팀 '인류세 워킹그룹'은 지구가 '인류세'라는 새로운 지질연대에 들어섰다는 증거를 국제학술지 사이언스를 통해 발표했다. 인류의 활동이 지구 환경을 급격히 바꿔놓은 바람에 과거 자연적인 과정에 따라 생성된 지질연대와는 별도로 구분해야 한다는 주장이다.

이 연구팀의 일원인 콜린 워터스 영국지질연구소 연구원은 "지금 지구상에 일어나고 있는 변화는 1만 2000년 전 마지막 빙하기가 끝난 직후의 변화만큼이나 크다"고 말했다. "공기 중 이산화탄소와 메탄의 농도 증가 속도가 과거와 비교도 할 수 없이 빨라졌고, 인간은 매년 3억t 가량의 플라스틱으로 지구를 뒤덮는 등 환경을 바꿔놓고 있다"는 것이 워터스의 설명이다. 그는 이어 "인류가 지구에 가장 큰 영향을 미친 사건은 1950~60년대에 이뤄진 핵실험"이라며 "핵실험으로 인한 방사능

낙진이 인류세를 보여주는 뚜렷한 신호"라고 덧붙였다.

현대 인류는 과거 어느 때보다 지구에 많은 흔적을 남기고 있다. 불과 18세기만 해도 7억 명에 불과하던 세계 인구는 어느덧 70억 명을 넘어섰다. 이산화탄소·메탄 등 공기 중의 온실가스 농도는 지구 역사상 전례가 없는 수준으로 높아졌다. 화석연료로 인한 대기오염이나 오·폐수로 인한 수질오염, 토양오염도 급증하고 있다. 썩지 않고 오래 보존되는 플라스틱·콘크리트 등의 인공물은 먼 미래에 화석처럼 지층에 남을 것이란 뜻에서 기술화석(technofossil)이라고도 불린다.

지구 평균기온의 변화는 지구가 얼마나 급격히 변하고 있는지 보여준다. 지구는 과거에도 자연적으로 온난화를 일으켰다가 빙하기로 접어들면서 온도를 조절했지만 지금처럼 평균기온이 빠르게 변한 적은 없었다고 과학자들은 지적한다. 미 항공우주국(NASA)은 지구 최후의 빙하기였던 뷔름 빙하기가 약 8000년간 진행된 온난화로 인해 끝이 났다며 이 기간 지구의 평균기온이 약 5도 상승했다고 분석했다. 지난 100여 년간 인간의 활동으로 인해 상승한 지구 평균기온은 0.85도로 거의 1도에 육박한다. 인류에 의한 지구 온난화 속도가 마지막 빙하기를 끝낸 자연적 온난화 속도보다 10배 가까이 빠른 셈이다.

[출처: 중앙일보] 인간 때문에 생물 50% 멸종 중 … 지금은 인류세일까

인류까지 위협하는 여섯 번째 대멸종

인류세가 불러일으킬 가장 끔찍한 결과는 대멸종 현상이다. 여러 생물종이 특정 기간에 급격히 멸종하는 현상을 대멸종이라고 부른다. 익히 알려져 있는 백악기 공룡의 대멸종을 포함해 현재 학계에는 총 5차례의 대멸종이 알려져 있다. 지구상에 존재하는 생물종의 최소 75% 이상이 멸종했을 정도로 광범위하게 일어난 이 대멸종은 빙하기 도래, 대규모 지각 변동과 화산 폭발, 운석 충돌 등 다양한 원인에 의해 발생했다. 가장 심각했던 3차 대멸종(약 2억 5000만 년 전) 때는 삼엽충 등 전체 생물종의 약 96%가 멸종하기도 했다.

학자들은 인류세에 접어들면서 생물종이 그 어느 대멸종보다 더 빠른 속도로 줄어들고 있다고 우려한다. 일부 학자들은 현재 지구에서 6차 대멸종이 진행 중이라고 분석한다. 미국 생물다양성센터는 "우리는 6500만 년 전 공룡들의 멸종 이래로 가장 심각한 대멸종 사태에 직면해 있다"며 "하루에도 10여 종이 멸종하는 가운데 현재 대멸종이 진행되는 속도는 과거 대멸종의 1,000배에서 1만 배로 추정된다"고 설명했다. 이 센터는 향후 50년 내에 현존 생물종의 30%에서 50%가 멸종할 우려가 있다는 전망도 내놨다

이 같은 대멸종의 원인은 인류다. 인류의 활동이 지구 온난화, 서식지 감소 등 멸종을 야기하는 요인으로 이어지기 때문이다. 가장 상황이 심각한 것은 전체 6,000여 종 가운데 약 41%가 멸종 위기에 처해 있는 양서류다. 지난 수백 년간 파나마 중부의 파나마황금개구리 등 수많

은 양서류가 이미 멸종했거나 멸종 직전의 위기에 처했다. 인간이 선박, 항공기 등으로 전 세계를 이동하면서 옮겨 온 진균류가 원인이다. 이 진균류가 양서류의 피부를 뒤덮어 전해질 공급을 차단하고 죽음에 이르게 만든다. 학자들은 지난 30년간 진균류로 인해 멸종한 양서류만 100여 종에 달한다고 추정한다.

사이언스에 따르면 양서류뿐 아니라 포유류 26%, 조류 13%도 멸종 위기에 처해 있다. 인간에 의한 환경 변화가 가속화함에 따라 이 수치는 점점 더 높아질 전망이다. 인간도 안심할 수 없다. 서대문자연사박물관 이정모 관장은 저서 『공생 멸종 진화』에서 "지난 다섯 번의 대멸종에서 최상위 포식자는 반드시 멸종했다"고 지적하며 "현재 최상위 포식자인 인간도 공룡처럼 완전히 지구상에서 사라질 수 있다"고 경고했다. 공룡이 뼈와 발톱을 남기고 멸종했듯 인간은 플라스틱 페트병과 알루미늄 캔을 남기고 사라질지도 모를 일이다.

[출처: 중앙일보] 인간 때문에 생물 50% 멸종 중 … 지금은 인류세일까

4장

내면장애와 사회

인간의 내면은 정치, 경제, 종교, 학문, 교육, 예술 등 사회의 다양한 분야에서 표출된다. 이들은 제각각 특정 목적과 기능을 가지고 있다. 사회의 각 분야들이 올바르게 기능하기 위해서는 인간의 건강한 내면이 필요하다. 인간이 건강한 내면을 지닐 때 사회도 건강할 수 있다.

그러나 과도한 진화에 따른 내면장애로 인해 사회의 각 분야에서 병리현상이 만연되어 나타나고 있다. 건강하지 못한 사회에서 정치, 경제, 종교, 학문, 교육, 예술 등 주요 분야들은 제 기능을 다하기에 역부족이고 오히려 사회에 혼란을 가중시키고 있다.

인간이 창조한 주요 사회적 장치들은 진리를 따르는 올바른 삶을 위한 수단으로 기능해야 한다. 올바른 삶이란 "모든 현상의 근원의 존재와 현상의 유한성을 잊지 않고, 생명과 건강을 최고의 가치이자 삶의 목적으로 삼고 그 목적달성을 위해 필요한 경우에만 수단으로서의 문명을 창조하며 사는 것이다." 정치는 모든 사람들이 올바른 삶을 살도록 통치해야 하고, 경제, 종교, 학문, 교육, 예술은 그에 부응하여 각각의 기능을 수행할 때, 올바른 정치, 경제, 종교, 학문, 교육, 예술이 되고 비로소 건강한 사회가 될 수 있다.

이 장에서는 정치, 경제, 종교, 학문, 교육, 예술 등 내면장애로 인해

각 분야에서 나타나는 병리 현상의 예들을 제한적으로 살펴보고 21세기에 각 분야가 나아가야 할 방향을 모색해 보았다. 정치 분야에서는 대표적인 정치성향인 보수와 진보의 정체성을 파악하고 정치적 병리 행태를 살펴보았다. 경제 분야에서는 보수와 진보의 정치성향과 자본주의와 공산주의의 연관성, 내면장애가 이 경제체제의 두 축에 어떻게 반영되어 나타나는지 알아보았다. 종교 분야에서는 불교와 기독교를 중심으로 주요 종교적 개념들과 내면장애의 연관성을 다루었고, 학문 분야에서는 학문의 영역을 알아보고 영재성과 내면장애의 관련성을 살펴보았다. 교육 분야에서는 학습형과 창의형의 학업 방식에서 드러난 내면장애의 병리적 현상에 대해서 그리고 마지막 예술 분야에서는 예술 활동을 추구하게 되는 예술가의 조건과 내면장애와의 관련성을 살펴보았다.

1. 정치

진화와 정치

인간 내면의 변화에 따라 사회도 변하고 정치도 변화한다. 정치는 인간 내면의 변화를 통해 이해되어야 한다. 내면은 인지근원인 '나'와 '인지공간'의 진화에 따라 변화한다. '나'의 진화는 지성의 성장으로 나타나 정치는 성숙의 과정을 거치지만 인지공간의 영향을 받는다. 인지공간이 과도하게 진화함에 따라 정치는 대립과 갈등과 충돌의 분열 현상으로 전개된다.

초기 인류는 소리의 자극이 들어와 머물고 소리로 사고하는 '청각 인지공간(a, A)*', 빛의 자극이 들어와 머물고 빛으로 사고하는 '시각 인지공간(b, B)'이 모두 작은 ab형 인간이었다. 작은 인지공간으로 현상 집착이 나타나지 않아 건강한 내면을 유지할 수 있어서 사회적 혼란은 없었다. 정치는 존재할 필요가 없었다. 외부의 실제 세계와 함께하고, 있는 그대로, 전체적으로 보면서 질서를 유지하는 자연법을 깨닫고 그에 순응하는 삶을 살았다.

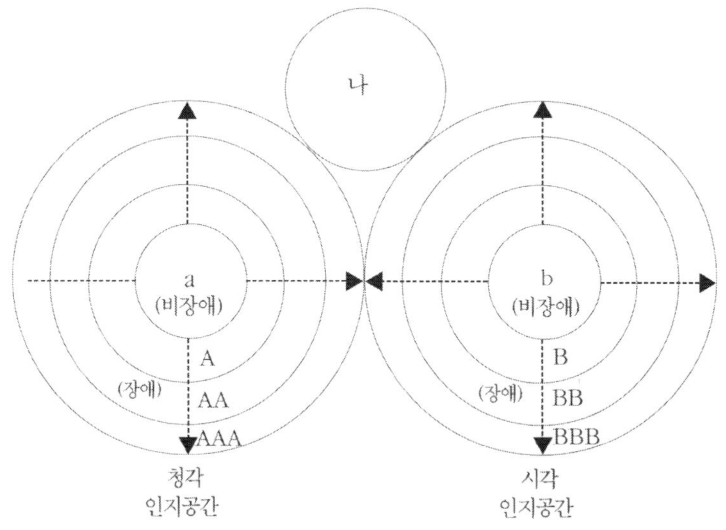

인지공간은 환경과 상호작용하면서 진화가 일어나고 처음 상태를 유지할 수 없었다. 두뇌 사용이 증가함에 따라 인지공간은 진화를 시작했

* a는 비장애 수준이고, A는 과진화에 따른 인지공간장애 수준이며 정도에 따라 크게 세 단계(예, 경, 중, 극)로 나눌 수 있다.

다. 장시간에 걸쳐 aabb, aaabbb 등으로 조금씩 진화했다. 어느 시점에서 A와 B로 과도하게 성장해 인지공간장애가 발생했다. 인류에게 현상집착의 마음이 생기고 대립과 갈등, 절도, 폭력, 살인 등의 사회적 혼란이 나타났다. 이를 해결하기 위해 정치가 필요했다.

인지공간은 두 방향으로 분화되어 진화를 계속했다. 한 방향은 청각 인지공간이 점차 커지는 Ab, AAb, AAAb형으로, 다른 방향은 시각 인지공간이 점점 커지는 aB, aBB, aBBB형으로 진행된다. 전자의 인지공간을 지니면, 소리에 집착하게 되고 청각 인지공간에 과도한 주의가 집중되어 청각적으로 생각하는 내적 사고가 강해진다. 후자의 경우는 빛에 집착하게 되고 시각 인지공간에 주의가 집중되어 시각적으로 생각하는 내적 사고가 강화된다. 한편, 전자는 내면에서 시각적 사고가 어려워 외부의 실제 현상에 집중하게 된다. 후자는 시각적 사고가 용이하므로 내면으로 끌어들인 외부의 실제 현상을 조작하거나 새로운 시각적 현상으로 창조할 수 있다. 이렇게 상반된 인지공간과 내면은 전혀 다른 정치 성향을 갖게 한다.

인지공간의 분열이 심화되면서 상반된 두 정치 성향은 점점 더 첨예한 대립과 갈등을 이어간다. 각자가 원하는 A 또는 B 방향으로 사회를 끌고 가려는 주도권 싸움을 치열하게 벌이게 된다. 그런 갈등을 통해 문명을 발전시켜왔지만, 사회의 혼란은 계속된다. Ab형과 aB형 간 정치적 대립과 충돌로 사회 불안이 가속화되면, a와 b를 통합하여 사회가 안정적으로 발전하기를 바라는 염원이 커져, A와 B가 한 사람 안에서 통합되어 균형을 이루는 AB(혹은 AABB, AAABBB)형 정치가 요구된다.

그러나 두 유형을 포용하는 AB형 정치는 쉽게 정착할 수 없다. A나 B로 극단적으로 이미 분열된 사회에서는 둘 모두를 포용하기가 어렵다. 극단적인 속성 탓에 전체를 보지 못하는 것은 물론 절충을 수용할 수 없다. 에너지가 분산되는 경우보다 한쪽으로 편중될 때 더 강한 힘을 발휘하는 것처럼, 이것이면서 저것이기도 하거나 이것도 아니고 저것도 아닌 것은 강한 정치적 힘을 얻을 수 없다. 극단에 가까울 때 강한 정치적 카리스마가 있고 사람들은 그에 더 열광하게 된다. 따라서 AB형 정치는 양극단을 오가며 기회를 엿보지만 단명하거나 주류 세력으로 성장할 가능성이 희박하다.

양극단을 포용하려는 AB형 정치에 대한 열망에도 불구하고 결국 그 꿈을 이루지 못한 사회는 여전히 혼란 속에 있을 수밖에 없다. 과도한 문명의 발달과 확산으로 생명의 안전과 건강을 위협받게 되고, 인간 내면의 건강 악화로 사회적 혼란이 심화되며, 자연이 심하게 균형을 잃고 인류의 생존을 위협하기 시작할 무렵 a로부터 자유롭고 b로부터도 자유로운 ab형 정치가 나타난다.

인지공간의 진화는 정치의 통치 방식에도 영향을 준다. 정치는 개인 또는 소수의 뜻에 따라 독재의 형식으로 시작했다. 아직도 지구상에는 그 잔재가 남아 있다. 독재 정치가 가능했던 것은 절도, 폭력, 살인 등 사회 불안이나 혼란의 양상이 비교적 단순하고 이를 해결하는 데 정치적 역량이 그다지 필요하지 않았기 때문이다. 그러나 인간의 내면 분열과 사회 다변화에 따른 새로운 문제들이 대량으로 발생함에 따라 독재 정치의 역량은 한계에 직면할 수밖에 없었다. 설상가상으로 독재 정치가 초래하는 폐단이 커지자 마침내 대중들의 도전을 받아 대중에 의한 대중을 위한 민주주의 정치가 등장한다.

대중이 스스로 통치자인 동시에 피통치자라는 점에서 민주주의는 매우 이상적인 정치형태다. 대중 모두가 왕이고 동시에 신하로서 자신이 자신을 통치하는 자가통치 방식이다. 역설적이게도 왕이 아닌 백성이 없으므로 백성이 하나도 없고, 백성이 아닌 왕이 없으므로 왕이 없다. 따라서 민주주의는 간접 민주주의의 형태를 취할 수밖에 없다.

그러나 간접 민주주의 정치는 또 다른 모습의 독재 정치로 변질될 수밖에 없다. 모두가 왕인 사회에서 왕으로 군림할 수 없음에도 대리왕이 왕 행세를 하기 때문이다. 대리왕은 자신이 다른 사람과 다를 바 없기 때문에 한 사람의 왕으로서 자신의 뜻을 실현할 권리가 있다. 자신의 뜻을 접고 다른 모든 왕들의 신하가 되어 그들의 뜻에 따라 정치하기는 쉽지 않다. 다수의 백성보다 자신이 더 우월하여 왕으로 뽑혔는데 그들의 신하 노릇이나 하는 일도 참기 힘들다.

민주주의 정치가 결국 소멸될 수밖에 없는 결정적인 이유는 통치자를 포함한 피통치자 대중의 내면이 건강하지 못하고 그 분열의 정도가 심하기 때문이다. 마음이 건강하지 못한 자신이 스스로를 통치하는 민주주의는 건강한 정치가 될 수 없다. 내면의 혼란으로 각자 나아가고자 하는 목적지가 서로 다른 대중의 뜻을 따라 통치하는 정치도 가능하지 않다. 오늘날과 같은 분열의 시대에는 왕이 백성들과 다르고, 백성들끼리도 서로 다르다. 대리왕은 결국 분열된 백성들의 수많은 의견을 무시하고 자신의 뜻을 따라 독재 정치를 하거나, 자신의 뜻을 추종하는 일부 백성을 위한 정치를 할 수밖에 없다. 민주주의는 이대로 지속할 수도 없고 과거의 독재주의로 되돌아갈 수도 없는 진퇴양난의 고착상태에 빠지게 된다. 인류의 지성이 성숙할 때 다른 형태의 정치에게 길을 내어주게 된다.

보수와 진보

새는 좌우의 날개로 난다는 말처럼 보수와 진보는 사회를 역동적으로 변화시키는 정치적 추진 동력이다. 보수와 진보의 두 정치 성향은 인간 내면이 사회적 상황에서 집단적으로 나타난 것이다. 이것을 이해하기 위해서는 인간 삶의 현실을 양면에서 살펴볼 필요가 있다. 단순하게 접근하면 하나는 실용적 · 실리적 측면이고, 다른 하나는 비실용적, 이상적 측면이다. 의식주는 인간의 기본적인 삶의 실용적, 실리적 요소이고, 노래, 춤, 게임 등은 비실용적 요소에 속하고 평등, 도덕 등은 이상적 요소이다. 인간이 삶을 영위하면서 현실을 구성하고 있는 실용과 비실용, 실리와 이상의 요소를 추구하고 이를 획득하거나 향유함으로써 즐거움을 얻는 것은 자연스러운 일이다. 그러나 건강한 내면은 현실의 두 측면으로부터 자유롭고 긍정과 부정에 얽매이지 않지만, 건강하지 못한 내면일수록 현실의 두 측면이 갖는 긍정성에 얽매여 현실 집착으로까지 이어진다.

보수와 진보 모두 현실에 대한 긍정 집착에서 비롯된 정치적 성향이다. 현실을 구성하고 있는 두 측면에 따라 서로 대립적인 입장을 고수한다. 실용이나 실리에 대한 긍정 집착의 마음은 보수 성향에 해당하고, 비실용이나 이상에 대한 긍정 집착의 마음은 진보에 해당한다. 두 가지 정치적 성향의 궁극적인 원인은 앞서 언급한 인지공간장애에서 비롯된 내면장애이다. 인지공간의 진화 정도에 따라 Ab, AAb, AAAb형이나 aB, aBB, aBBB형의 내면을 지닌 인간이 보이는 정치적 성향이다. 전자는 보수 성향이고, 후자는 진보성향에 해당된다.

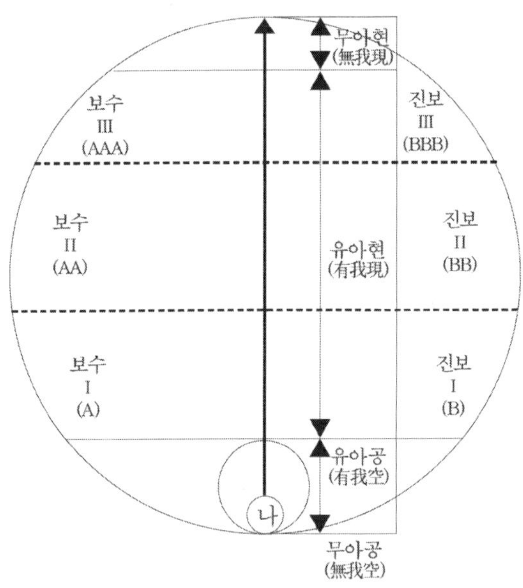

보수와 진보의 정치적 성향의 편향 정도는 크게 세 단계로 나눌 수 있다. 보수는 극보수(AAAb), 중보수(AAb), 경보수(Ab)가 있고, 진보도 극진보(aBBB), 중진보(aBB), 경진보(aB)로 구분할 수 있다. 이들이 서로 다양한 조합(3x3x3)을 이루어 개개인의 정치적 성향은 매우 다양하게 나타난다. 보수나 진보가 균형 있게 공존하는 중도 정치성향(AB)도 가능하다. 이들은 실용과 비실용, 실리와 이상 어느 한쪽에 크게 치우치지 않고 모두에 균형 있게 집착한다. 중도성향 역시 정도는 다양하여 극중도(AAABBB), 중중도(AABB), 경중도(AB)가 존재한다. 그러나 정도가 같은 경우라도 보수나 진보에 비해 중도는 보수성향과 진보성향이 더 약하게 나타난다. 보수나 진보는 한쪽으로 편향되어 나타나므로 그 성향의 강도가 높지만 중도는 두 방향으로 동등하게 분할되기 때문이다.

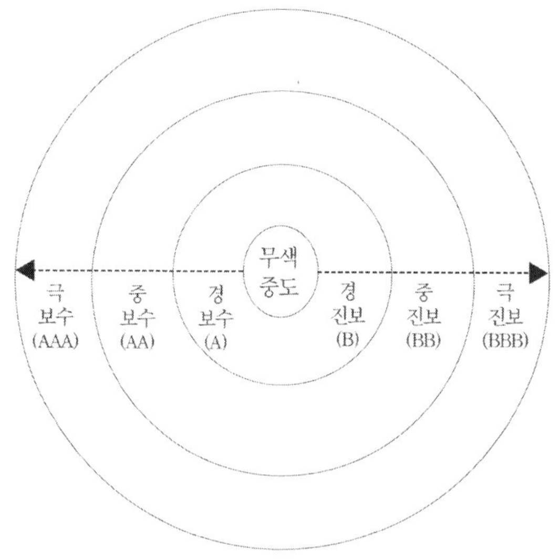

한편, 내면이 건강한 사람은 실용과 이상에 대한 긍정성의 마음이 균형을 이룬다. 보수나 진보 그 어느 쪽의 정치적 성향도 두드러지게 나타나지 않는다. 현실 속에서 실용적이거나 실리적이기도 하면서 동시에 비실용적이거나 이상적인 성향을 보인다. 따라서 이 또한 중도라 할 수 있다. 그러나 어느 것에도 집착함이 없이 필요한 경우에 한하여 실용이나 실리, 비실용이나 이상을 추구한다는 점에서 앞서 말한 정치적 중도와는 다르다. 현실의 두 측면에 대해 균형 잡힌 보수와 진보의 정치성향을 나타내는 중도를 '회색 중도(AB, AABB, AAABBB)'라고 한다면, 현실의 두 측면 모두로부터 자유로워 보수도 진보도 아닌 중도는 '무색 중도(ab, aabb, aaabbb)'이다.

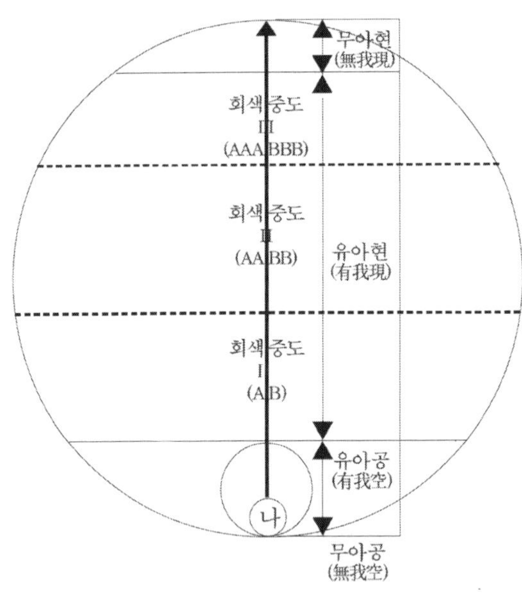

다양한 유형의 보수와 진보의 모습은 인지공간의 구조적 차이와 관련이 있다. '나'는 기본적으로 '의미'를 추구한다. 그 의미란 곧 형상이다. 세계에는 자연적으로 나타나는 자연 형상과 인간이 창조한 인공 형상이 있다. 인간은 인지공간 중 하나인 시각 인지공간에서 자신의 의미인 인공 형상을 창조할 수 있다. 시각 인지공간이 클수록 더 많은 주의가 그곳으로 집중된다. 그 안에서 오래 머물며 자신만의 의미인 인공 형상을 창조할 수 있고 그에 집착하게 된다. 한편, 시각 인지공간이 작으면 외부에 존재하는 기존의 자연적 혹은 인위적 형상들과 그 청각적 기억 자극(말, 언어 등)에 더 집착하게 된다. 전자의 경우가 진보를, 후자의 경우가 보수를 탄생시킨 인지 메커니즘이다.

실용적 측면은 현실에 이미 존재하므로, 보수는 현실을 더 수용하고 고수하며 이를 획득하는 데 필요한 실리적 노력을 중요한 덕목으로 생각한다. 반면 비실용을 추구하는 진보에게는 현실이 부정하고 혁신해야 할 대상이다. 이상적인 미래를 실현하기 위해 현실을 과감하게 개혁하고 새로운 미래를 만들기 위한 노력을 중요한 덕목으로 생각한다.

이에 보수는 현실 수용적이고 안정지향적인 성향을 강하게 보이는 반면, 진보는 현실 비판적이고 미래지향적인 성향이 강하다. 보수는 현실이 부조리하더라도 그것을 인정하고 받아들여 그것을 유지하거나 현실을 바탕으로 변화를 이루고자 한다. 반면, 진보는 부조리한 현실을 부정하고 없애야 할 대상으로 생각하기 때문에 현실 비판적이고 개혁적이며 상상을 통해 창의적인 미래를 설계한다. 따라서 보수의 개혁이 점진적이고 속도가 느리며 현실을 바탕으로 이루어진다면, 진보의 개혁은 혁명적이고 급진적이다. 보수는 현실이 곧 생각이 되고(outside-in) 그 생각에 집착하지만, 진보는 생각이 곧 현실이 되는(inside-out) 생각에 집착한다.

또한 보수는 인간의 능력이 다양하다는 것을 인정하고 그에 따라 현실적 실용과 실리를 추구하도록 하는 자유, 불평등, 개인주의를 지향한다.

반면 진보는 현실적으로 개인의 능력 차에 따른 실용과 실리의 차이를 인정하지 않는다. 모두가 평등한 가운데 이상을 추구하도록 하는 통제, 평등, 사회주의를 추구한다.

단편적이기는 하지만 '개미와 배짱이'는 이런 보수와 진보를 나타낸다. 개미는 추운 겨울을 대비하기 위해 무더운 여름에도 쉬지 않고 열심히 일한다. 베짱이는 무더운 여름에 시원한 나무 위에서 노래 부르며 즐거운 시간을 보낸다. 여기서 개미는 보수를 대변하고 베짱이는 진보를 대변한다. 보수에게 미래는 현실의 연속이므로 현재의 실용이나 실리적 가치는 미래에도 계속 중요한 가치로 이어진다. 따라서 현재의 실용적 가치를 많이 획득해놓으면 그들에게 미래의 삶도 안정적으로 확보되는 셈이다. 그러나 진보에게 미래는 현실의 연속이 아니다. 미래의 가치는 미래에 존재하고 그 가치는 인간에 의해 새롭게 창조될 수 있다. 그들에게 미래는 정해지지 않은 무한한 꿈이며 새로운 가치로 채워야 할 백지이다. 그 꿈을 실현할 주체는 바로 자신이다. 그러므로 진보는 미래를 걱정하지 않는다. 미래는 그들이 원하는 대로 건설될 수 있기 때문이다. 보수는 현실이 암울하면 미래에 대한 희망을 잃지만, 진보는 현실이 암울해도 미래는 항상 희망적이다.

보수와 진보가 같은 일을 할 때에도 동기나 목적이 서로 다르다. 보수는 주로 실용적 가치를 위해, 진보는 비실용적 가치를 위해 일한다. 개미가 돈을 많이 벌기 위해 열심히 공부한다면, 베짱이는 그 자체의 즐거움 때문에 열심히 공부한다. 진보와 보수의 노동 방식 또한 다르다. 보수는 '티끌모아 태산'이라는 정신으로 무장하고 주로 몸을 움직여 실용적 가치를 쌓기 위해 열심히 일한다. 진보는 현실에 아랑곳하지 않고 즐기면서 이상적인 미래를 꿈꾸고 그 꿈을 실현하기 위해 창의적 사고나 창조활동에 열중한다.

실용이나 실리는 처음부터 외부 현실에 존재하는 삶의 핵심 요소다. 보수는 추구해야 할 가치가 물질적 현실에 있으므로 물질 중심의 가치관을 보인다. 반면에, 비실용이나 이상은 인간 내부에서 창조되어 외부로 나타난다. 이에 집착하는 진보는 추구해야 할 가치가 인간 자체에 있으므로 인간 중심의 가치관을 가지게 된다.

보수와 진보는 관심의 대상이나 경쟁의 대상에서도 서로 다른 양상을 보인다. 보수는 안락이나 즐거움 등 이상적인 생각보다는 실용적 이익에 대한 이야기에 귀를 쫑긋 세우고 부지런히 몸을 움직인다. 진보는 실용적인 생각에는 관심이 없고 즐겁고 신나며 이상적인 이야기에 귀를 기울이고 그 자체를 위해 몸을 아끼지 않는다. 보수는 이웃이 부자로 살면 자신도 부자가 되기 위해 이웃과 경쟁하지만 자신보다 더 재주가 많거나 생각이 고상하고 더 즐겁고 신나게 사는 이웃에게는 별 관심도 부러움도 보이지 않는다. 반대로 진보는 부자 이웃에는 관심이 없으나 자신보다 더 재주가 많고 즐겁게 살며 고상한 자태와 생각을 지닌 이웃을 부러워하고 자신도 그렇게 되기 위해 그들과 경쟁을 시작할 수 있다. 보수는 실리를 위한 노력에는 자유와 경쟁을 허용하지만 이상을 위한 노력에는 통제와 평등을 주장한다. 진보는 실리를 위한 노력에는 통제와 평등을 주장하지만 이상을 위한 노력에는 자유와 경쟁을 허용한다.

또한 보수와 진보가 모두 민주주의를 추구할 수 있지만 민주주의를 실현하는 방식은 서로 다르다. 보수는 이미 정해진 객관적인 가치를 향해 나아가기 때문에 민주주의 과정에서 논의가 짧고 일사분란하게 나아간다. 진보는 인간으로부터 새로운 가치를 만들어 나아가야 하기 때문에 논의가 길고 혼란을 겪는다. 이에 보수는 통일성과 속도를 중시하고, 진보는 다양성과 절차를 중시한다. 보수는 현실을 딱 보면 아는데 그것에서 벗어나 복잡하게 탁상공론만 하고 있다고 진보를 무시하고, 진보는 명목도 철학도 절차도 없다고 보수를 경멸한다.

보수와 진보는 비난의 대상과 서로를 비난하는 방식 또한 다르다. 보수는 말과 생각만 많은 사람과 가난한 사람을 무시한다. 진보는 생각 없이 일만 아는 사람과 부자를 싫어한다. 보수는 진보에 대해 생각과 꿈만 많으며 공상에 잠겨 땀 흘려 일하지 않는 이념형 인간이라고 비난한다. 진보는 보수를 생각이나 꿈 없이 일이나 물질밖에 모르는 속물이라고 한다. 보수는 현실로 돌아와 현실을 똑바로 보고 몸을 써서 열심히 일하라고 진보에게 주문하고, 진보는 자신을 똑바로 보고 머리 좀 쓰라고 보수를 가르치려 든다. 보수는 머리는 없고 몸만 있는 촌스러운 땅과 같고, 진보는 몸은 없고 머리만 있는 허공의 하늘과 같다. 보수는 땅을 가꾸는 여성성이고 진보는 하늘을 지배하는 남성성의 특징을 보인다. 보수는 하늘을 땅으로 끌어 내리려 하고 진보는 땅을 하늘로 품으려한다.

21세기 정치의 선택

오늘날 지구촌 사회는 그 어느 때보다도 정치의 역할이 크게 요청된다. 사회는 계속 분열되고 과도하게 복잡해지고 있다. 빈부의 격차, 자원과 무역 갈등, 난민과 인종 문제, 이념과 종교의 대립 등의 문제가 해결되지 않고 더욱 심화되고 있다. 문제들을 해결하기 위해 새로운 법을 제정하고 시행하여도 현실은 나아지지 않고 있다. 어느새 더 많은 새로운 문제들이 양산되어 우리 앞에 다가와 해결을 기다리고 있다. 설상가상으로 인간의 내면장애가 가속화됨에 따라 보수와 진보의 극단적인 대립이 심화되고 있다. 오늘날 정치는 그 자체로서 큰 사회적 부담이 되고 있다. 사회적 갈등과 혼란을 해결하여 안전하고 평화로우며 지속가능한 지구촌사회를 만들기 위해서는 새로운 정치가 어느 때보다 절실하다.

21세기의 새로운 정치는 보수와 진보가 하나가 될 수 있는 무색중도의 정치가 되어야 한다. 진리를 기반으로 한 삶의 목적과 방법을 회복하고 그에 따라 통치하는 올바른 정치이어야 한다. 시대와 장소를 막론하고 인간에게 최고의 가치인 생명과 건강을 삶의 목적으로 표방하고 삶의 영원한 길로 복귀하도록 해야 한다. 인간과 사회를 건강하게 치료하고 치유해야 한다. 정치는 현 위기상황을 해결하는 데 최우선의 노력을 해야 하고 경제, 종교, 학문, 교육, 예술 등 사회적 장치들이 그 목적 달성을 위해 통합적으로 기능하도록 해야 한다.

한국의 17~20대 국회 이념성향 비교

지난 2004년에 개원한 17대 국회부터 이번 20대 국회까지 여당과 제1 야당의 이념적 간극이 갈수록 커지고 있는 것으로 나타났다. 조선일보가 데이터 저널리즘 기관인 서울대 폴랩(pollab · 한규섭 교수)과 함께 빅데이터 분석 기법으로 '국회 이념 지도'를 파악한 결과다. 폴랩은 2004년 5월부터 작년 12월까지 약 14년간 17~20대 국회가 처리한 법안 총 9,478건에 대한 여야 의원들의 표결(275만여 건) 행태를 분석했다. 17대 2,189건, 18대 2,617건, 19대 3,470건, 20대 1,202건이 분석 대상이었다. 법안별로 찬성 · 반대 · 기권 등 비슷한 투표 성향을 보이는 의원들에게 이념 점수를 매겨서 상대적 이념 성향을 평가한 것이다.

갈수록 멀어지는 여당과 제1 야당

조선일보 · 서울대 폴랩은 전체 국회의원들의 표결 성향을 '가장 진보' -50점에서 '가장 보수' +50점 사이에 위치하도록 척도화한 후 각 정당 소속 의원들의 이념 점수 평균치로 정당별 이념 점수를 파악했다.

분석 결과, 여당과 제1 야당의 이념 점수는 17대 국회에서 한나라당 27.6점, 통합민주당 -21.4점이었고 18대 국회는 새누리당 18.4점, 민주통합당 -31.8점이었다. 19대 국회는 새누리당 23.9점, 더불어민주당 -28.1점이었고 20대 국회는 자유한국당 29.5점, 더불어민주당 -24.7점이었다. 여당과 제1 야당의 이념 점수 차이는 17대(49.0점)→18대(50.2)점)→19대(52.0점)→20대(54.2점) 등으로 계속 벌어졌다. 여야 대립이 갈수록 격해짐에 따라 각 정당 의원들의 법안 표결 행태도 차이가 커지면서 이념적 거리가 멀어진 것으로 해석된다.

한규섭 서울대 언론정보학과 교수는 "여소야대이자 다당제 구도인 이번 20대 국회는 안정적 국회 운영을 위해 협치가 필수적이지만 오히려 이전보다 악화되고 있는 것이 수치로 확인됐다"고 했다.

20대 국회 정당별 이념 분포

이번 조사에서 20대 국회의 경우 소속 의원의 이념 스펙트럼이 가장 다양한 정당은 국민의당이었다. 국민의당 의원 39명 중엔 이념 점수가 중도에서 오른쪽인 18.4점부터 거의 왼쪽 끝인 -45.3점까지 있었다. 당내에서 가장 보수 성향 의원과 가장 진보 성향 의원의 차이가 63.7점에 달했다. 국민의당 의원들은 법안 표결을 할 때 당 정체성보다는 개인 소신의 영향이 컸던 것으로 분석된다.

민주당은 의원 121명의 이념 점수가 5.9점부터 -49.4점으로 양쪽 차이가 55.3점이었다. 자유한국당 의원 116명은 가장 오른쪽인 50.0점부터 3.2점까지 차이가 46.8점으로 나타났다. 바른정당 의원(11명)은 27.9점부터 -7.3점까지 분포했고 양쪽 차이는 35.2점이었다. 소속 의원이 6명인 정의당은 가장 진보인 -50.0점부터 -42.3점까지 차이가 7.7점에 불과했다. 법안 투표 때마다 모든 의원이 거의 같은 방향으로 표를 던졌다는 의미다.

[출처: 조선닷컴] 와이드 뉴스, 17~20대 국회 이념성향 비교했더니

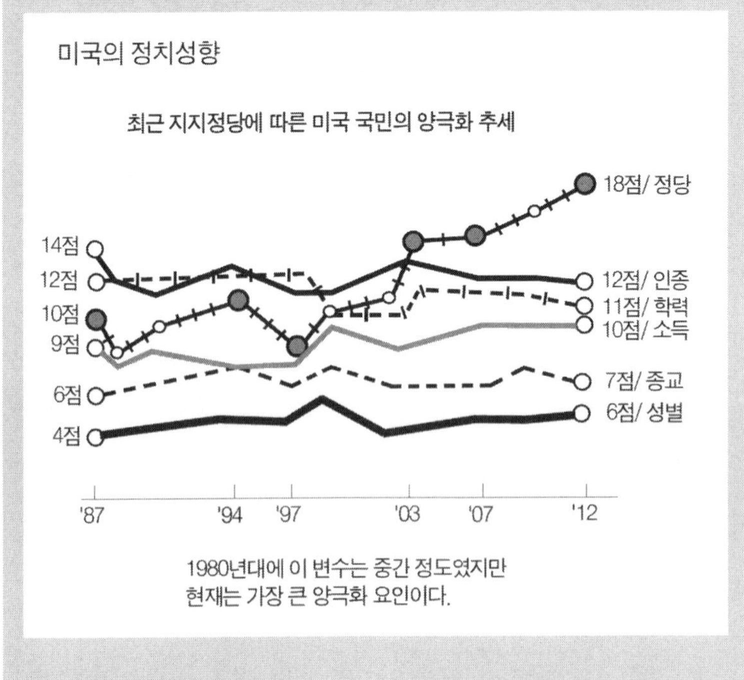

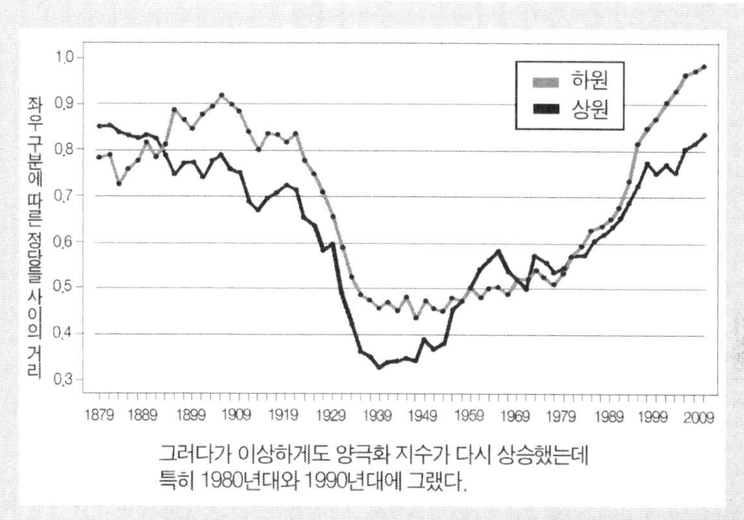

그러다가 이상하게도 양극화 지수가 다시 상승했는데
특히 1980년대와 1990년대에 그랬다.

왕과 백성

어느 날 왕이 나타났다. 자신을 믿고 따르면 모든 사람들이 행복해 질 것이고 사회는 안정과 평화로울 것이라고 한다. 백성들은 그를 큰 절로 기뻐하며 맞았다. 인간 독재가 시작된 것이다. 백성들은 왕과 그 가족들이 사는데 필요한 것들을 마련하여 바치고 왕과 가족들에게 충성을 다했다. 덕분에 왕과 그의 가족들은 땀 한 방울 흘리지 않고 편하게 먹고 살았다. 백성들이 그들의 생활에 필요한 것들을 구하기 위해 동분서주할 때 왕과 그의 가족들은 호화로운 집에 살면서 뜰을 거닐면서 시간을 보냈다.

세월이 흘렀다. 왕은 그대로 왕이었으며 백성들은 그대로 백성들이었다. 왕족들은 여전히 비바람 불어도 걱정 없이 호화로운 대궐 안에서 호의호식하며 살았으며 백성들은 여전히 오직 그 믿음을 가슴에 품고 초라한 집에서 비바람 맞아 가면서도 왕과 그의 가족들의 생계를 위해 고생하며 충성을 다하고 살았다.

또 세월이 흘렀다. 늘어난 왕족들의 생계를 위한 과중한 노동으로 백성들의 몸은 피곤하고 마음은 피폐해져 갔다. 그러나 어느 곳에도 그들의 희망은 보이지 않았다. 세월이 흘러도 백성들의 삶은 여전했다. 그러나 왕은 백성들에게 이런 삶으로부터 벗어날 수 있는 길을 알려 주지 않은 채 진수성찬과 춤과 가무를 즐기며 살고 있었다. 마침내 백성들의 원성이 들려왔다. 그러자 왕은 백성들을 불러 모아 미래의 장미빛 청사진을 보여주며 머지 않아 틀림없이 좋은 세상이 올 것이므로 조금만 더 참고 열심히 일하라고 충고했다. 사람들이 그 말을 듣고 지친 발걸음을 옮겨 집으로 되돌아갔다.

백성들은 왕의 말대로 참고 견디며 열심히 일했다. 백성들은 비바람을 맞아가며 들에서 일했고 눈보라를 맞아 가며 성을 쌓았다. 그러나 해마다 백성들이 생산한 쌀은 늘어난 왕족들의 집에서 거두어갔고 백성들의 마음은 고달프고 몸은 더 힘들었다. 왕족들의 기와집은 하늘 높은 줄 모르고 올라갔지만 백성들은 여전히 초가지붕 아래에서 살았다.

오랜 세월을 고생하며 기다렸지만 왕이 말한 세상은 오지 않았고 더 이상 참을 수 없는 지경에 이른 백성들이 왕에게 부당함을 고했다. 이번에는 왕이 그 사람들을 죽였다. 죄목은 왕에게 대들었다는 이유였다. 왕은 자신에게 도전하는 자는 그의 가족까지 다 죽이겠다고 협박했다.

온 백성들이 두려움에 떨기 시작했고 세월이 흐르면서 백성들의 왕에 대한 믿음은 점점 더 식어갔다.

백성들은 자신들이 속고 있음을 서서히 깨닫기 시작했다. 지금까지의 세상이 왕과 왕족들의 세상이었으며 앞으로의 세상도 그럴 것이 분명했다. 왕이 백성들을 위하기보다 자신을 위하고 백성들을 더 힘들게 만든다는 생각이 들었다. 우리가 왕에게 속았다. 하늘이 우리를 속였다. 하늘이 내린 왕이 어찌 저럴 수 있는가! 우리보다 더 나을 것이 없다. 백성들이 화가 났다. 마침내 성난 백성들이 왕을 몰아 내버렸다. 하늘이 내린 왕을 백성들이 좇아 내버린 것이다. 백성들은 왕을 버리면서 하늘도 함께 버렸다. 하늘은 죽었다.

이제 우리가 왕을 세우자! 백성들은 자신들 가운데서 왕을 추대하기로 하였다. 그러자 적잖은 백성들이 자신이 왕이 되겠다고 나섰다. 왕이 되겠다는 사람들이 여기저기서 나타나고 경쟁을 통해 다수의 추대를 받는 사람이 왕이 되는 시대가 열렸다. 후보자들마다 자신이 그 이전의 왕들보다 백성들을 더 잘 위할 수 있다고 주장하며 사람들의 추대를 받기 위해 온갖 재주를 선보였다. 어떤 사람은 자신이 가장 재산이 많다고 자랑하고 어떤 사람은 자신의 가슴이 가장 크다고 자랑하고 또 어떤 사람은 자기 머리가 가장 크다고 자랑했다. 마침내 민주주의가 시작되었다.

재산이 가장 많은 사람들이 왕이 되었다. 그가 사람들에게 말하기를 자신은 이미 부자여서 부자가 될 수 있는 방법을 이미 잘 알고 있으며 왕이 되면 백성들이 모두 다 배부르게 먹고 살 수 있게 해 주겠다고 장

담했다. 그 동안 굶주림에 지친 사람들은 이 말이 자신들의 귀에 가장 따뜻한 말로 들려왔다. 왕은 이 곳 저 곳에 논과 밭을 만들어야 한다고 말했다. 사람들이 힘을 모아 열심히 일을 하여 새로운 논과 밭을 많이 만들었다. 덕분에 굶주렸던 사람들이 모두 보리밥을 먹을 수 있게 되었다. 사람들 입에서 왕에 대한 칭찬이 터져 나왔다. 사람들은 계속 열심히 일을 하였다.

세월이 흘렀다. 사람들이 웅성거린다. 왕은 쌀밥을 먹는다! 아니 누구 덕분에 왕이 되었는데. 저만 쌀밥을 먹는다고? 백성들이 보리밥으로 행복해 하며 왕을 칭찬하고 있을 때 왕은 쌀밥을 먹고 있었으며 왕의 집은 왕이 되기 전보다 훨씬 더 많은 재산으로 넘쳐났다. 드디어 왕이 쫓겨났다.

이번에는 가슴이 큰 사람이 왕이 되었다. 그는 사람들에게 자신이 왕이 되면 재산이 많은 사람들에게서 재산을 뺏어서 백성들에게 나누어 주고 모두 평등하게 잘 먹고 잘 살 수 있게 해주겠다, 인간은 먹는 것만으로는 행복할 수 없고 여유와 즐거움이 있어야 하므로 즐거운 일을 많이 만들어 백성들이 진정으로 행복하게 살 수 있도록 하겠다고 말했다. 그 동안 열심히 일해서 굶주림은 면했지만 일은 끝이 없어 몸이 고달프고, 쌀밥 먹는 사람들 때문에 마음이 불행했던 백성들의 귀에 감미로운 이야기로 들렸다. 왕은 재산이 많은 사람들에게 쌀을 내놓게 하여 백성들에게 나누어 주었고 그로 인해 백성들은 다소의 여유를 가지고 살 수 있었다. 노동으로부터 다소 자유로운 백성들은 마을 앞마당에 모여 가무를 즐기고 놀이를 하면서 여유를 즐길 수 있었다. 사람들 사이에서 왕에 대한 칭찬이 쏟아져 나왔다. 태평성대로다!

또 세월이 흘렀다. 사람들이 웅성거렸다. 왕이 대궐에서 전용 호화판 가무단과 즐긴다. 아니 누구 덕분에 왕이 되었는데, 저만 전용 가무단을 가지고 있다고? 백성들이 마을 앞 공터에서 꽹과리를 두들기며 놀고 있을 때 왕은 궁궐에서 호화판 가무단과 함께 연회를 즐기고 있었다. 마침내 그 왕도 쫓겨났다.

또 긴 세월이 흐르고 수많은 왕들이 나타났다 사라졌다. 다음 왕이 나타나 너무 논다고 하여 일을 더 하게 하고 또 다른 왕이 나타나 너무 일만 한다고 하여 놀게 하기를 반복하였다.

그러다가 머리가 큰 사람이 왕이 되었다. 그는 사람은 먹는 것도 중요하고 노는 것도 중요하지만 아는 것이 더 중요하며 많이 알면 알수록 더 잘 먹고 더 잘 살 수 있으므로 더 행복하게 살 수 있다고 말했다. 그는 백성들에게 더 편리한 기술을 개발하여 더 많은 식량을 수확하고 더 맛있고 다양한 음식과 더 좋은 옷을 지어 입고 더 좋은 집에서 살자고 말했다. 그는 기술개발을 위해 자연을 알아야 하는데 자연이 가지고 있는 모든 물질과 원리를 알게 되면 그것을 이용하여 우리가 더 잘 살수 있는데 필요한 것들을 만들 수 있다고 말했다. 사람들은 그의 말에 감탄했다. 맞아! 지금 있는 것만 가지고 서로 싸울 것이 아니라 기술을 개발하여 더 생산하면 싸울 일도 없다. 기계는 쉬지 않고 하루 종일 일할 수 있잖아.

백성들이 지식을 얻기 위해 열심히 자연을 들여다보고 궁리하기 시작했다. 밤낮으로 불을 켜 놓고 연구를 했다. 사람의 지식이 쌓이고 그 지식을 이용하여 실생활에 필요한 것들을 만들었다. 자연을 들여다 보고 자연의 원리를 찾는 사람, 그 원리를 이용하여 새로운 물건을 만드드는 사람 모두 열심히 일했다. 하루하루 시간이 지나감에 따라 새로운 지식과 물건들이 더 쌓여갔다. 백성들은 한 동안 정신을 잃고 오감의 행복에 비명을 질러댔다.

백성들 사이에 부와 명예를 얻기 위한 무한 경쟁이 시작되었다. 사람들이 왕이 되기 위해, 자연을 알기 위해, 자연의 지식을 조작하기 위해 사람의 지식으로 물건을 만들어 팔기 위해 경쟁했다. 사회가 온통 혼란스러운 전쟁터가 되었다. 자신의 꿈에 도전하여 성공함으로써 사회의 지배층이 된 사람, 그 도전에 실패하여 사회의 불행한 낙오자가 된 사람.

백성들이 술렁거린다. 사회는 발전했고 우리의 삶은 편리하고 풍요로워졌다. 그러나 생각해 보니 차라리 옛날이 더 좋았다. 누구나 왕이 되겠다고, 부자가 되겠다고, 배우겠다고, 창조하겠다고 난리다. 옛날에는 몸만 피곤했는데 이제는 마음까지 지치고 괴롭다. 이 모든 것이 끝이 없는 일이 아닌가! 원한다고 모두 왕이 되는 것도, 부자가 되는 것도, 연구에 성공하고, 배움에 성공하고, 창조에 성공하는 것도 아닌데. 어디 그것뿐인가. 우리가 서 있는 자연의 땅이 서서히 무너지고 있지 않는가.

[출처: 블로그(https://blog.naver.com/songshat)]정치, 왕과 백성

2. 경제

진화와 경제

경제는 인간의 생존과 건강한 삶에 필수적인 물질들을 구하거나 생산하여 배분하고 그 과정에서 필요한 도구나 용역 및 서비스 제공을 포함하는 사회적 현상이다. 경제는 인간의 생존에 필수적인 물질과 관련이 있기 때문에 정치나 종교보다 우선하여 인류 초기부터 존재하였다. 초기에 생명과 건강 유지에 필요한 물질은 모두 자연에서 구했다. 물과 공기는 자연에서 직접 얻고, 음식이나 옷, 집 등도 자연에서 그 재료를 얻었다. 그 재화를 얻거나 배분하는 데 필요한 다양한 도구, 에너지, 이동 수단 등을 위한 재료 역시 모두 자연에서 얻을 수 있었다.

세월이 흐르면서 자연을 인위적으로 조작하여 의식주를 해결하기 시작했고, 그것을 얻는 데 필요한 도구들도 자연물을 조작하여 새롭게 만들어 사용했다. 조작을 통한 인위적 창조 과정이 점차 발전하고 확산되면서 경제 또한 본격적으로 발전했지만 인류는 한 동안 여전히 건강하게 경제 활동을 수행했다.

그러나 시간이 많이 흘러, 인지공간이 과도하게 진화하여 인류에게 현상 집착의 장애 마음이 생기게 되었다. 내면에 혼란이 초래되고 경제 분야에서도 내면장애에서 비롯된 사회병리현상이 나타났다. 인간은 경제 발전 그 자체를 맹목적으로 추구하기 시작했다. 그 이후 경제는 급진적으로 발전하고 경제의 범위와 규모가 필요 이상으로 확대되었다. 천연자원이 빠르게 고갈되고 생산을 위한 생산, 소비를 위한 소비의 경제 활동이 이어지고 있다. 그 결과 자연환경이 급속히 오염되거나 파괴되었다. 인간의 생명과 건강을 위해 시작한 경제 활동은 오히려 인간의 건강한 생존을 위협하기에 이르렀다.

자본주의와 공산주의

자본주의와 공산주의는 현존하는 대표적인 경제체제다. 자본주의란 이윤을 극대화할 목적으로 물건이나 재화를 생산하거나 자본을 투자하는 경제 현상이다. 자본주의는 불특정 다수를 위한 자유로운 생산의 형식을 취하므로 자유주의에 속한다. 자본주의 체제에서는 과도한 경쟁으로 대자본의 횡포, 빈부격차, 노사 갈등, 중소기업 몰락 등의 부작용이 발생할 수밖에 없다.

공산주의는 자본주의의 폐단을 극복하기 위한 새로운 경제체제다. 공산주의는 개인이 아닌 사회가 자본을 소유하고 통제적인 경제 활동을 수행하는 사회주의적 특징을 지닌다. 필요한 만큼의 사회적 수요를 충족하기 위해 경제활동을 수행한다. 공산주의는 사회 대중이 공동의 목적을 위해 함께 생산하고 고르게 분배하는 평등주의 입장을 견지한다. 따라서 순수한 공산주의 체제에서는 자본주의의 폐해가 발생할 수 없으며 사회의 모든 대중은 경제적으로 평등하다.

자본주의나 공산주의가 이처럼 서로 상반된 속성을 나타내는 것은 보수와 진보의 성향이 경제에서 발현되었기 때문이다. 자본주의는 현실에 대한 실용적이고 실리적인 측면에 집착하는 보수 성향에서 비롯되었다.

공산주의는 현실에 대한 비실용적이고 이상적인 측면에 집착하는 진보 성향에서 비롯되었다. 자본주의는 개인주의, 자유주의, 현실주의, 물질주의 등의 성격을 띤다. 공산주의는 사회주의, 평등주의, 이상주의, 비물질주의 등의 성격을 지닌다. 자본주의와 공산주의 모두 서로 다른 능력을 지닌 개인의 현실은 인정하지만, 자본주의는 실용과 실리 추구에 집착하는 개인을 존중하고 개인의 능력에 따른 물질 축적을 추구하도록 조장한다. 실용과 실리에 집착하지 않는 공산주의는 사회적으로 평등한 실용과 실리의 물질을 강조하여 의식주 등에서도 평등을 지향한다.

자본주의는 안정적인 미래를 위해 열심히 실용적인 요소를 축적하는 경제활동을 추구한다. 비실용적인 요소로 현재를 즐기며 미래의 이상적인 세계를 창조하기 위해 상상과 이념의 사색에 잠기는 것을 지양한다. 반면 공산주의는 현실을 개혁하고 이상적인 미래를 추구한다. 이념적 자산을 축적하는 명예로운 개인과 그의 노력은 존중한다. 그러나 현재의 실용적 요소를 축적하기 위해 노동하는 것에 큰 가치를 두지 않는다. 자본주의는 주로 실용적인 측면에서 현실의 물질적 풍요를 추구한다. 공산주의는 주로 비실용적 측면에서 평등과 도덕 등 이상을 실현하고자 한다.

한편, 정치의 보수성향이나 진보성향의 결합 비율에 따라 자본주의와 공산주의의 결합 비율은 다양할 수 있다. 순수 자본주의나 순수 공산주의의 정도도 각각 다양하다. 자본주의와 공산주의가 결합된 혼합 경제체제 역시 다양할 수 있다. 각각의 경제체제를 경험한 후 두 체제의 혼합 경제체제로 나아갈 수 있겠지만 두 체제의 갈등은 여전히 피할 수 없다.

21세기 경제의 선택

오늘날 인류는 경제의 본질을 망각한 채 물질에 집착하여 건강하지 못한 경제 활동을 수행하고 있다. 생명과 건강에 필수적인 기본 경제에 자족하지 못한다. 맑은 공기와 물, 건강한 먹을거리, 입을 옷, 쉴 집 모두 몸을 유지하는 데 절대적이다. 그럼에도 물과 공기는 점점 더 오염되고 있고, 건강한 의식주는 찾아보기 힘들다. 세계 일부 지역에서는 기본적인 의식주조차 취하지 못하고 있다. 경제 발전 그 자체를 위해 필요 이상으로 생산하고 소비하여 지구의 자원이 급격히 고갈되고 있다. 세계적인 기후위기가 초래되었다.

사회는 자본주의나 공산주의의 폐단을 경험하고 있다. 한편에서는 자본독점에 따른 빈부격차, AI 확산으로 인한 일자리 부족이 심화되고 있다. 국가 간 무역 전쟁으로 경제적 불안과 혼란을 겪고 있다. 다른 한편에서는 지나친 공산과 평등의 이념으로 낙후된 경제 상황을 겪고 있다. 대중들의 기본적인 삶조차도 매우 어려운 실정이고 이를 해결하기 위해 타국과의 갈등이 커져 지구촌 사회에 불안과 혼란을 가중시키고 있다.

21세기 경제는 현 위기를 극복하는 데 필요한 재화나 용역을 생산하는 경제 활동을 해야 한다. 친환경 에너지, 친환경 운송 수단 등 환경 위기 극복을 위한 경제재를 개발해야 한다. 생명과 건강을 유지하거나 회복하는 데 필요한 재화나 용역만을 생산하고 분배하는 무색 중도의 경제 체제를 갖추어야 한다.

[정형철의 멋진 신세계?] 기술 전체주의와 멋진 신세계?

1932년에 발표된 올더스 헉슬리의 『멋진 신세계』는 기술전체주의가 인간세계를 장악한 미래사회를 그리고 있다. 인간의 통제를 벗어나 한도를 모르고 치닫는 과학기술문명이 전체주의와 만날 때 인간사회가 얼마나 기괴하고 흉측해질 수 있는지 『멋진 신세계』만큼 여실히 보여주는 작품은 아마도 없을 것이다. 고전의 반열에 올라 지금도 많은 독자에게 읽히는 SF 장르의 걸작 소설이다.

하지만 『멋진 신세계』가 단순히 공상과학소설로만 독자들에게 읽히는 것은 못내 아쉬운 일이다. 공상이 바탕을 이루는 소설임에는 틀림없지만 이 작품에 그려진 미래세계에는 작품이 쓰인 당대의 현실이 핍진하게 녹아 들어가 있다. 여기서 헉슬리가 주목한 당대의 현실이란, 과학기술의 무한 발전과 전체주의 체제의 팽창을 의미한다.

19세기까지 무서운 가속으로 치달았던 과학기술의 진보와 발전에 대해 별다른 반성적 태도를 보이지 않았던 인류사회는, 20세기 초반 1차 세계대전을 겪으면서 급격한 과학기술 발전이 전쟁과 결부되면 얼마나 끔찍한 비극이 초래될 수 있는지를 생생하게 경험하게 된다. 예나 지금이나 과학기술의 급격한 발전은 대체로 전쟁과 같은 극한 상황에서 비약적으로 이루어지는 경우가 많다. 전쟁은 과학기술이 인류의 편의를 도모함이 아니라 파괴를 획책하는 수단이 된다는 점을 명확히 보여주었다.

아울러 1920년대 초반부터 발흥하던 전체주의는 자본주의의 무정부적 팽창의 결과로 나타난 대공황의 혼란 속에 더욱 맹렬한 기세로 세계를 장악해 나가고 있었다. 1차 세계대전 이후 훨씬 급격하게 이루어진 과학기술의 발전은 제국주의 세력들로 하여금 공업과 군수산업을 극단적으로 육성하게 하는 동력이 된다. 파시즘과 나치즘으로 대표되는 전체주의 체제는 자신들의 세력 팽창을 위해 군수산업 육성과 군사력 증강에 더욱 맹진하게 된다. 국가주의와 인종주의를 바탕으로 한 전체주의 체제가 막강한 군사력까지 동원하여 세계를 잠식해 나가는 현실은 공포 그 자체였다. 막강한 군사력이란 궁극적으로 대량살상무기를 보유하는 능력을 가리키는데 이를 가능하게 하는 것은 결국 군산복합 시스템을 위한 과학기술의 급진적 발전이었다.

현실이 된 '멋진 신세계'

『멋진 신세계』에서 시간은 포드력으로 표현된다. 포드력이란 포디즘의 창시자 헨리 포드가 세계 최초의 컨베이어 시스템에서 T모델 자동차를 처음으로 생산한 해인 1908년을 기점으로 산정한 연도체계다. 작품 속 배경은 포드 기원 632년, 서기로 따지면 2540년이 된다. 이 소설에서 포드는 신으로 그려진다. 포드는 미국 자본주의가 본격적인 대량생산 체계를 갖추고 소비사회로 진입하게 된 계기를 만든 사람이다. 그는 한 사람의 자본가에 머물지 않고 한 시대의 패러다임을 바꾼 시스템의 상징이다. 『멋진 신세계』에서 포드가 신의 지위로 그려지는 것은 대량생산 체계에서 영혼을 잃고 소비사회의 노예로 전락해 가던 당대의 인류를 풍자하기 위함이다.

이 작품에는 가공할 만한 과학기술이 등장하는데, 첨단 생명공학기술이 대표적이다. '멋진 신세계'에서 태어나는 인간은 '보카노프스키 과정'이라 불리는 시스템에서 만들어진다. '런던중앙인공부화 · 조건반사양육소'라 불리는 곳에서 수정란 하나에서 96개의 태아를 만들어낸다. 이들은 엄마에게서 태어나는 것이 아니라 컨베이어벨트 위에 놓인 병 안에서 대량으로 생산된다. 인공부화로 생산된 인간이기에 이들에게는 아버지도 어머니도 형제도 없다. 가족관계가 성립되지 않으니 결혼제도나 양육은 불필요하다. 알파, 베타, 감마, 델타, 엡실론의 5개 계급이 부화되기 전에 미리 결정되며 이들은 결정된 계급에 따라 평생 살아가게 된다.

올더스 헉슬리, 『멋진 신세계』(1932)

『멋진 신세계』의 배경이 되는 포드 기원 632년이라는 시간은 소설이 쓰인 당대뿐만 아니라 지금 우리가 살고 있는 시간으로부터도 아주 멀리 떨어져 있는 미래세계다. 하지만 이 작품에서 그리고 있는 공상적 세계가 소설의 시간적 배경만큼 멀거나 이질적으로 느껴지지 않는 것은, 우리가 살고 있는 현실 세계의 첨단 과학기술이 지금만으로도 그만큼 충분히 가공할 만한 것이기 때문이다.

이 작품 속에서 등장하는 인공부화 시스템은 우리에게 그다지 낯선 풍경이 아니다. 1978년 영국 로버트 에드워즈 박사는 인류 최초로 체외수정의 한 방법인 시험관 아기를 탄생시키는 데 성공했다. 1990년에 출범한 '인간게놈프로젝트'는 2003년에 '인간유전체지도'를 완성하면서 생명공학의 역사에 신기원을 이뤘다. 이를 계기로 인류는 거의 모든 유전자 정보를 제 손아귀에 넣고 이를 마음대로 조작하는 반열에 오르게 되었다. 이후 합성생물학과 크리스퍼 유전자 가위 기술의 획기적 발전은 DNA혁명을 이루어냈고 급기야는 인간 배아의 유전자 편집을 성공하는 데까지 도달했다. 2018년 중국의 허젠쿠이 박사는 유전자 편집기술로 실제 아기가 탄생했다고 발표해 전 세계를 발칵 뒤집어 놓았다.

첨단 생명공학기술은 실제 현실에서 이미 '멋진 신세계'를 향해 질주하고 있다. 과학기술은 신의 반열에 올라 생명을 마음대로 조작하고 편집할 수 있게 되었다. 생명은 이제 섭리가 아니라 기술이며 산업으로 통용될 것이다. 이론적인 단계에서만 보자면 생명공학기술은 태어날 인간을 선택하고 결정하고 만들어낼 수 있는 단계까지 와 있는 셈이다. 더불어 이러한 현상을 대하는 사람들의 태도도 생명에 대한 원초적 감수성으로부터 멀리 벗어나 있다.

'유전자 가위'나 '유전자 편집'이 생명의 신비와 경외를 대신하고 있는 공포스러운 현실에도, 많은 사람들은 그저 과학의 경이로운 발전에 놀라워할 뿐 인간 존엄의 상실에 대한 고통에 무감한 게 현실이다. 이미 우리의 생명에 대한 감수성은 무뎌질 대로 무뎌져 있다. 『멋진 신세계』에서 그려지는 세계가 더 이상 기괴하고 끔찍하게 느껴지지 않는 세상이 우리가 생각하는 것보다 훨씬 빠르게 다가오고 있는지도 모르겠다.

『멋진 신세계』는 디스토피아 SF 장르의 뛰어난 작품이지만, 현실의 추세를 볼 때 지금의 인류가 이 소설이 그리고 있는 시대까지 존속할 수 있을지 확신할 수 없다는 점에서, 역설적으로 지나치게 낙관적인 작품은 아닐까 하는 생각을 갖게 한다. 물론 이런 생각은 작품 자체에서 비롯된 것이 아니라 우리가 겪고 있는 '기후위기'와 같은 재앙의 징후를 감지하고 나서야 새롭게 얻게 된 것이지만 말이다.

'기후위기'는 인류와 지구 생태계에 전대미문의 재앙이 되고 있다. 과학기술과 산업자본주의가 융합하여 만들어낸 '탄소 경제' 시스템은 유구한 세월 동안 변함없이 유지되었던 지구의 온도를 1도 가까이 상승시켰다. 산업화 이전에 비해 지구 온도가 1도 가까이 올랐다는 것은 결국 탄소 경제를 기반으로 한 자본주의 산업 문명이 기후 위기의 주범이라는 사실을 알려주는 명백한 증거다.

지구 온도 1도 상승의 결과, 폭염, 가뭄, 홍수, 해일, 해빙 등의 각종 자연재해와 지구상 생물체의 멸종이 가속화되고 있다. 아무런 대책 없이 이대로 지속된다면 해수면 상승으로 물에 잠기는 영토는 급속하게 늘어날 것이다. 기후변화로 인한 생태계의 교란은 장기적으로 지구생태계에 상상할 수 없는 결과를 초래할 것이라고 수많은 과학자들은 경고한다.

지난 11월 5일 전 세계의 11,000명에 이르는 국제 과학자들은 세계가 중대한 정책변화를 이루어내지 않는다면 기후 위기로 인한 유례없는 고통을 받게 될 것이라고 경고했다. 과학잡지 『네이처』 최근호에서도 많은 과학자들은 기후 위기가 이미 티핑포인트(Tipping Point)를 지났을지도 모른다고 경고했다. 기후 위기의 티핑포인트란, 기후변화의 결과가 서서히 진행되다가 절정의 순간을 지나면 폭발적인 변화를 일으키는 것을 뜻한다.

티핑포인트를 지나는 시점에서는 인간의 힘으로는 제어할 수 없는 자연의 재앙 앞에서 어떠한 획기적이고 혁신적인 방책도 결국 무용한 것이 되고 말 것이다. 배출가스 감소와 같은 노력이 지속된다 하더라도, 이미 상승한 지구 온도 때문에 북극이나 그린란드와 같은 영구 동토들이 녹으면서 메탄가스를 방출하는 현상처럼 기후 위기는 이제 더 이상 손 쓸 수조차 없는 지경에 이를지도 모른다.

기술의 진보가 사회의 진보?

기술의 진보가 물질적 풍요를 가져온 것은 누구도 부인할 수 없는 사실이지만, 인류사회는 반대급부의 극심한 고통 속에 신음하고 있으며 나아가 '기후 위기'와 같은 생존의 벼랑 끝에 서 있다. 풍요는 전체가 아닌 일부의 전유물이었고 전 세계는 더욱 빈곤해졌다. '20:80', '10:90', '1:99' 등으로 표현되던 불평등과 격차는 이제는 수치로 환산할 수 없는 지경에 이르렀다. 지금 이 순간에도 세계 곳곳에서 불평등과 격차로 인한 계급투쟁이 끊임없이 일어나고 있다.

기술이 진보하는 현상을 두고 인간의 삶, 혹은 사회가 진보해 나간다고 착각하는 경우를 우리 주변에서 어렵지 않게 찾아볼 수 있다. 평소

대부분의 사안에서 극단적 대립 양상으로 치닫는 정치적 진보주의자와 보수주의자 모두, 새로운 기술의 진보와 발전을 받아들이는 데 있어서는 별다른 차이를 보이지 않는다. 오히려 이 문제에 대해서 이들은 한통속이라고 해야 옳다. 기술의 진보가 인류의 발전에 기여한다는 상투적인 기본 인식에는 별다른 차이가 없다.

낡은 것을 혁파하고 새로운 것을 쇄신하려는 진보주의자들의 사회혁신 기획은 테크놀로지 발전 양상을 그대로 닮아 있다. 그들은 대체로 어제보다는 오늘, 오늘보다는 내일이 더 나은 세상이 될 것이라는 막연한 관념에 사로잡혀 있다. 또한 새로운 기술의 흐름을 거역하는 것은 마치 시대에 뒤떨어진 것으로 인식한다. 이들이 추구하는 더 나은 세상을 향한 진보(정의)의 토양이 실은 기술의 발전과 물질의 진보를 전제하고 있음은 부인할 수 없는 사실이다. 테크놀로지의 발전이 촉진하는 생산력의 진보, 즉 경제성장이라는 이데올로기는 비단 보수주의자들의 전유물만은 아니다. 진보라는 이름 대신에 좌파라는 좀 더 엄밀한 정치적 용어를 사용한다 해도 이러한 점은 크게 달라지지 않는다.

현대판 보수주의자들은 더 말할 것도 없이 진보주의자들보다도 더 강력하게 기술의 진보를 맹신한다. 이들은 자신들이 지키려는 낡은 가치를 맹목적으로 고수하면서도 기술의 진보와 발전은 '선한 것'이라 여기며 무조건적으로 수용하는 태도를 보인다. 테크놀로지의 발전이 결국은 보수적인 질서와 가치를 모조리 붕괴시킨다는 사실을 전혀 모르거나 아니면 알면서도 애써 눈감은 채 기술 발전의 결과물인 경제성장의 열매가 자신들에게 떨어지기만을 기다리는 것이다.

자칫 모순되어 보이지만, 이들의 궁극적인 욕망이 기술의 진보가 아니라 그로 인한 물질적 부, 즉 경제성장에 있다는 사실을 생각해 보면 이들의 태도를 이해하는 것이 그리 어려운 일은 아니다. 이들이 죽기 살기로 지키려는 '보수'라는 가치는, 산업사회 이전까지 오랜 시간 동안 인류사회가 존속해온 전통적 가치 혹은 토착적 가치와는 아무런 상관이 없다. 대체로 지금의 보수주의자들이 고수하려는 가치는 '보수'라는 보편적 개념과는 전혀 다르게 공익이 아니라 기득과 사익에 초점이 맞춰져 있다. 이런 점에서 보면 이들을 보수주의자라고 부르는 것 자체가 언어도단이거나 어불성설에 불과한지도 모른다.

흔히 사람들은 인간이나 사회의 필요에 의해 기술이 발전하는 것처럼 생각하지만 이는 사실과 다르다. 오래 전 기술문명 비평가 자크 엘륄이 말한 것처럼 기술은 자율적으로 발전한다. 기술 발전이 가속화될수록 정치, 경제, 사회, 문화의 발전에 기술이 따라가는 것이 아니라 기술의 발전에 사회의 각 분야가 뒤따라가는 모습을 보인다. 이처럼 기술의 발전이 자율적일수록 인간은 더 타율적으로 살아가거나 왜소해질 것이 분명하다. 기술이 현란하게 발전할수록 인간의 소외와 무력은 심화될 것이다. 인간과 사회의 적절한 통제가 수반되지 않는다면 기술의 폭주를 멈추게 할 방도는 없다. 이 과정에서 인간사회는 엄청난 희생과 대가를 치를 수밖에 없다.

한도를 넘어선 기술은 멈춰야 한다!

과학의 시대 초창기에나 있었을 법한, '지적 호기심'이나 '순수한 탐구심'이 과학자의 연구 동기가 되던 시대는 저 멀리 사라졌다. 이제 인류사회에 기여하기 위한 목적으로 진행되는 과학적 연구는 근본적으로 존재하지 않는다. 과학과 기술이 '인류의 복지'나 '인류의 혜택'을 위한다는 말은, 거대 산업과 결탁한 과학기술 프로젝트의 광고 문구로만 유용할 뿐이다. 몇몇 희귀한 분야를 제외하고는 과학 연구는 자연과 세계에 대한 호기심에서 출발하지 않는다. 특정 분야의 전문가 말고는 전혀 알 수 없는 원자화되고 세분화된 지점에서 시작되는 과학 연구는, 그 연구 결과가 '쓸모'와 '효용', 즉 환금가능성으로 입증되어야만 인정받을 수 있으며 지속될 수 있다.

한 사람의 과학자가 자신의 삶을 유지하는 데 필요한 생산 활동을 수행하면서 지금과 같은 고도의 과학연구에 몰두할 수는 없다. 이미 자본과 시장에 점령당한 대학이나 대학원 연구소는 국가나 기술산업 자본의 연구자금이 뒷받침되지 않은 한 연구 자체가 시작되지 않는다. 이들의 지원 없이는 현재 진행되고 있는 거대 규모의 과학기술 연구는 결코 가능할 수 없다. 더 이상 과학연구는 과학자의 학문 탐구활동이 아니다. 기술산업자본 시스템이 구축한 조직망 위에서 점처럼 움직이는 과학자들은 자신들의 의지와는 무관하게 이 거대 시스템에 포박될 수밖에 없다. 그 결과, 과학연구의 최종 목표는 '인류의 혜택'이 아니라 연구 자금을 지원한 기술자본의 상업적 이윤 창출에 맞춰져야만 한다.

결국 한도를 넘어서는 기술 발전은 이렇게 해서 이루어진다. 과학기술 각 분야에서 이미 한도를 넘어선 기술들이 우리를, 인간사회를 지배하고 있다. 이 과정에서 주도적인 역할을 하고 있는 과학자들은 이 같은 과학기술의 폭주에 아무런 반성도, 저항도 없이 거대한 물결에 휩쓸리고 있다. 이들은 원자력의 가공할 위협을 알면서도 연구와 실험을 지속한다. 생명을 편집할 권리를 그 누구도 부여받지 않았음에도 자신들의 성과를 위해 유전자 편집을 강행한다. 인간의 편의보다는 인간의 배제가 목적인 인공지능과 로봇 연구를 멈추지 않는다. 자동화된 무인의 세계에서는 과학자 스스로도 살아남기 어렵다는 것을 망각한 채 기술과 기계에 더 큰 자율성을 부여한다.

기후 위기와 같은 인류 공멸 시나리오에도 과학자들의 적극적인 움직임은 기대하기 어렵다. 오히려 이들 중 일부는 기후 위기가 과장된 선전 선동이라고 음해하기도 한다. 정작 인류와 자연의 소멸을 걱정하며 기후 위기에 맞서 가장 적극적으로 저항하고 있는 사람들은 그레타 툰베리와 그의 친구들처럼 과학기술의 세계와 멀리 떨어져 있는 사람들이다.

기후 위기나 생명공학의 폭주처럼 인류의 생존과 존엄 자체를 위협하는 과학기술의 폭주를 가만두고 볼 수는 없다. 이 폭주에 제동을 걸지 않으면 우리의 미래는 없다. 과학기술이 만들어낸 '안락을 위한 전체주의'가 우리를 지배하도록 방치한다면, 그것은 우리 스스로 저 기괴하고 흉측한 신세계를 향해 제 발로 걸어 들어가는 일이 될 것이다.

『멋진 신세계』에서 인간성이 거세된 '공학적 공간'과 '안락한 세계'를 구축하려는 무하마드 몬드 총통에게, 인간의 진정한 자유의지로 맞섰던 야만인 존의 음성은 의미심장하다. "저는 안락을 원치 않습니다. 저는 신을 원합니다. 시(詩)와 진정한 위험과 자유와 선(善)을 원합니다. 저는 죄를 원합니다. 불행해질 권리를 원합니다."

[출처: 뉴스민] [정형철의 멋진 신세계?] 기술 전체주의와 멋진 신세계?

"어른에게 배운 지식으로 인생 준비? 지금 아이들은 그게 불가능할 수도"
매일 2시간 명상, 매년 한두 달 휴식

"2050년에 세상이 어떤 모습일지 전혀 알 수 없습니다. 딱 하나 알 수 있는 건 지금과 전혀 다르다는 것입니다." 『사피엔스』의 저자 유발 하라리. 이스라엘 히브리대 역사학 교수는 26일 서울 서소문동 환경재단에서 열린 기자간담회에서 "21세기 인류가 맞닥뜨린 도전 과제를 해결하기 위해서는 완전히 새로운 정치, 경제, 사회 시스템이 필요하다"고 강조했다. 중세전쟁사를 전공한 그는 2011년 히브리어로 첫 선을 보인 『사피엔스』를 통해 세계 지식사회의 스타로 부상했다.

호모 사피엔스가 지구를 지배해가는 과정과 인류 문명의 미래를 다룬 『사피엔스』는 현재 30여 개 언어로 번역됐다. 한국어판은 지난해 11월 출간돼 지금까지 종이책 13만 부, 전자책 1만 3,000부 가량이 판매됐다. 중국, 대만을 들러 25일 한국을 찾은 하라리는 "베이징에 비해 훨씬 공기가 좋다"며 첫 방한 소감을 밝혔다.

그는 "인류에게 가장 큰 위협이 되는 기술은 인공지능"이라고 단언하며 "30년 후에는 인공지능이 거의 모든 직업에서 인간을 밀어낼 것"이라고 내다봤다. 또 "지금 아이들은 선생님이나 연장자에게 배운 지식으로 인생을 준비해나가는 게 불가능한 첫 세대가 될지도 모른다"며 "인생이 배우는 시기와 배운 걸 써먹는 시기로 나뉘던 시대는 지났다"고 말했다. 그러면서 그는 "앞으로 인류는 계속해서 스스로를 만들어가야 한다"고 덧붙였다.

[출처: LA중앙일보] "AI, 모든 직업에서 인간 밀어낼 것"…『사피엔스』 저자 유발 하라리

3. 종교

진화와 종교

종교는 인간 내면의 질서유지를 통해 내면을 건강하게 회복하기 위해 만들어졌다. 선과 악, 천국과 지옥, 천당과 연옥 등의 개념은 내면의 상태와 관련되어 있다. 죄는 내면의 질서를 무너뜨리고 혼란을 가져온 행위나 사건과 관련된다. 신, 진리, 구원, 해탈 등은 내면의 질서를 회복하는 방법과 관련된다. 이 개념들은 인간의 내면에서 경험할 수 있는 것이다.

일반적으로 종교는 두 가지 기본적인 핵심 요소를 지니고 있다. 하나는 깨달음이다. 인간의 내면과 외면(우주 세계)의 실상과 그 진리에 대한 깨달음이다. 인간에게 어떤 정신과 마음이 존재하고 그것들은 어디에서

어떻게 생겨나는가에 대한 내면의 실상과, 우주의 실상이 종교의 경전을 통해 드러난다. 다른 하나는 인간 내면을 온전하게 회복시킬 수 있는 방법 제시다.

종교의 교주는 스스로 깨닫고 진리를 찾은 사람이다. 구원을 위해 그를 믿고 따르는 신자들의 스승이자 구원자이기도 하다. 교주는 자신의 내면과 외면을 바라보고 탐구하여 실상과 진리를 깨닫는다. 그리고 진리를 바탕으로 온전한 마음을 회복할 수 있는 구체적인 길을 찾아 자신을 먼저 구원한다. 그것을 대중에게 가르치고 그들로 하여금 그대로 믿고 따르게 함으로써 내면의 질서를 회복하도록 도와 준다. 교주와 신자는 서로 위계적인 관계다.

인간의 내면을 건강하게 회복하기 위한 다양한 치료나 치유 방법이 있다. 그럼에도 종교가 여전히 독특한 위치를 차지하는 것은 이런 종교의 요소와 위계 관계 때문이다. 의학은 주로 정신과 마음의 기초가 되는 신체나 두뇌의 생화학적 작용에 접근하여 인간 내면을 치료한다. 상담은 심리에 접근하여 치유하는 반면, 종교는 인간의 내면과 외면 전체 맥락에서 내면 치유를 위한 거시적인 방법을 제시하고 있다.

인간 내면의 질서회복이라는 역할을 고려해 볼 때 종교는 정치와 거의 같은 시기에 나타났다. 과도한 진화에 따른 인지공간장애로 현상 집착의 내면장애가 발생하고 그에 따라 내면의 혼란과 사회 혼란이 발생했다. 사회적 혼란을 해결하기 위해 정치가 필요했고 내면의 혼란을 해결하기 위해 종교가 나타났다.

종교는 인간 내면의 건강 회복을 위해 생겨난 것이므로 종교적 진리탐구는 세 가지로 시작된다. 먼저 인간의 건강한 내면이 어떤 모습인지 알아야 한다. 다음으로 건강한 마음이 왜, 어떻게 그 모습을 잃게 되는지 변화의 과정을 알아야 한다. 마지막으로 내면의 건강을 회복할 수 있는 길을 찾아야 한다.

종교에서 언급하는 선한 마음, 공(空)의 마음, 가난한 마음, 하나님의 마음, 부처의 마음 등은 건강한 내면을 말한다. 욕망이나 집착 등은 건강하지 못한 내면을 의미한다. 하나님, 원죄, 전생의 죄 등은 인간이 건강하지 못한 내면을 지니고 태어난 원리와 관련이 있다.

종교는 '나'의 진화를 통해 지적으로 성장하고 성숙한다. 종교적 지식은 '나'의 깨달음을 통해 얻을 수 있지만 처음부터 완전한 깨달음을 얻을 수 있는 것은 아니다. 지적 성숙과 학문의 발달에 따라 깨달음도 진화한다. 그 과정에서 다양한 종교의 지식들 중 일부는 남고 일부는 사라진다. 또 새로운 것을 포함하는 융합의 과정을 통해 보다 구체적으로 발전해간다. 불교의 깨달음은 공(空)이 어떻게 색(色)으로 나타나는가에 대한 원리, 집착이나 무지를 초래하는 두뇌 구조적, 유전적, 환경적 원인의 상호관계성의 원리를 완성시키는 진화가 남아 있다. 기독교의 진리는 신은 무엇이며, 그가 어떻게 자연 만물을 창조하였고, 어떻게 두뇌 구조, 유전자, 환경의 상호작용에 개입하여 원죄를 지은 인간이 죄와 악에 빠지는지, 그 사실적 원리를 완성시키는 진화가 남아 있다.

한편, 인지공간의 과도한 진화에 따른 인간 내면의 건강상실로 내면장애가 심한 교주들이 나타나 종교도 분열되어 갈등하고 충돌하면서 사회적 혼란을 가중시키는 사회병리현상을 초래한다. 기존의 종교 경전을 탐독하여 얻은 방대한 지식을 바탕으로 주관적인 깨달음을 얻거나, 경전의 비유를 다르게 해석한다. 새로운 종교를 창시하여 종교적 분열을 조장하고 사회적 혼란을 심화시킨다. 교주의 혼란은 신자의 분열로 이어진다. 지적 수준과 내면의 장애 수준에 따라 어떤 사람에게는 참으로 보이는 진리가 어떤 사람에게는 거짓으로 보일 수 있다.

종교적 분열과 혼란은 인간의 건강한 내면이 어떤 모습인지, 인간과 환경의 상호관계성 안에서 어떻게 건강한 내면을 잃게 되는지의 원리가 사실적으로 밝혀질 때까지 지속될 것이다.

구약과 신약

기독교의 구약에는 10계명이라는 것이 있다. 한 분이신 하나님을 사랑하라, 하나님의 이름을 함부로 부르지 마라, 안식일을 지켜라, 부모에게 효도하라, 사람을 죽이지 마라, 간음하지 마라, 도둑질을 하지 마라, 거짓 증언을 하지 마라, 남의 아내를 탐내지 마라, 남의 재물을 탐내지 마라 등이 그것이다. 이런 구약의 10계명은 신을 인간과 별개로 분리하여 아무도 볼 수 없는, 고원한 곳에서 내려다보는 엄정한 신을 '막연하게' 가리키는 '믿음'의 신으로 상정하고 있다. 또 10계명 모두 외부 현실과 사회 질서 유지를 통한 땅의 평화에 초점이 맞추어져 있다고 볼 수 있다.

그러나 기독교의 신약에는 인간과 더불어 항상 함께 하는 '깨달음'의 신과 인간 내면 차원의 문제의식이 나타난다. "내가 아버지 안에 거하고 아버지는 내 안에 계신 것을 네가 믿지 아니 하느냐, 내가 너희에게 이르는 말은 스스로 하는 것이 아니라 아버지께서 내 안에 계셔서 그의 일을 하시는 것이라. 너희는 너희가 신의 성전인 것과 신의 성령이 너희 안에 계시는 것을 알지 못하느냐." 라는 예수의 말은 예수가 곧 신이라는 말로 신과 예수가 둘이 아니라는 의미이다. 인간 내면에서 볼 때, '나'는 성령의 신이며 성령이 머무는 인간의 육체는 곧 신이 머무는 성전이라는 의미로 해석될 수 있다. 즉, 이 땅의 인간은 하늘의 신이 인간의 모습으로 나타난 신이다. 이것은 불교의 색즉시공, 공즉시색과 다르지 않다. 공은 색으로 나타나므로 색은 곧 색공으로 색과 공은 다르지 않다. 무공이 색공이며, 색공은 곧 무공이다.

겉 길과 속 길

산 정상에 이르는 길은 다양하다. 어떤 사람은 산의 동쪽 능선을 타고 오르고, 또 어떤 사람은 서쪽 능선을 타고 오른다. 오르는 길은 서로 다르지만 두 사람 모두 결국 산 정상이라는 한 곳에서 만난다. 동쪽 길이나 서쪽 길은 서로 다른 길이지만 두 길에는 모두 공통으로 '오른다'는 원리가 숨어 있다. 서로 다르게 보이는 동쪽과 서쪽 능선을 '겉 길'이라고 한다면, 두 길 안에 공통으로 들어 있는 '오른다'는 원리를 '속 길'이라고 할 수 있다.

인간 내면의 질서를 회복하는 종교의 길 또한 마찬가지다. 종교의 길이 시대와 장소, 그리고 사람에 따라 다양할 수 있지만, 다양한 길 안에 공통으로 숨어 있는 단 하나의 길이 존재한다. 서로 다른 종교적 지식이나 길로 인해 다르게 구분될지라도 각자의 길을 믿고 따라가면 내면의 질서회복이라는 동일한 목적지에 도달할 수 있다. 종교의 교주들이 스스로 그것을 증명하였다면 그에 대한 굳건한 믿음만이 목적지에 이르는 유일한 길이다.

서로 다른 길을 걷고 있는 종교적 진리나 지식에 대한 옳고 그름의 판단의 문제는 종교적 갈등을 유발한다. 종교의 겉 길만 보고 속 길을 보지 못한 사람들은 길이 서로 다르다고 서로를 배척한다. 그러나 어떤 종교든 내면의 질서회복이라는 목적지에 이르게 해 준다면 종교적 깨달음이나 지식에 대한 참 · 거짓의 시시비비로 대립할 필요는 없다. 종교의 목적에 관한 한 진리나 지식의 참과 거짓에 대한 판단의 문제는 중요하지 않다. 종교적 지식은 진리성으로 거듭나면서 진화하고, 그 과정에서 진리성이 없는 내면의 치유 효과가 있더라도 결국 사라지게 될 것이다.

불교와 기독교

불교와 기독교는 2000여 년 전에 발생하여 전 세계로 전파되면서 인간 내면의 질서회복에 기여하고 있는 가장 대표적인 종교들이다. 불교는 인도의 부처로부터, 기독교는 이스라엘의 예수로부터 시작되었다. 불교는 부처가 깨달은 진리와 그가 찾은 길을 믿고 따르고, 기독교는 예수가 깨달은 진리와 그가 찾은 길을 믿고 따라 내면의 해탈이나 구원을 추구한다.

불교와 기독교에는 각각의 뿌리가 되는 종교가 있다. 부처가 있기 전에 인도에는 힌두교가 있었고 예수가 나타나기 전 이스라엘에는 유대교가 있었다. 힌두교를 통해 불교가 나타났으며 유대교를 통해 기독교가 나타났다.

불교는 해탈을 통해 열반의 극락에 이르고, 기독교는 구원을 통해 평온의 천국에 이르는 것이 목적이다. 불교에서는 극락이 도달해야 할 목적지고 그곳에 이르는 길은 해탈이다. 기독교에서는 천국이 도달해야 할 목적지고 그곳에 이르는 길은 구원이다. 열반의 극락과 평온의 천국은 인간 내면에서 서로 다르지 않다. 구원은 자유로움이고 극락이나 천국은 평온이므로 불교의 해탈과 기독교의 구원은 곧 자유로운 마음이다. 불교의 극락과 기독교의 천국은 평온한 마음으로 두 종교가 도달하고자 하는 궁극적인 목적지와 그곳에 이르는 '속 길' 또한 서로 같은 것이다.

불교와 기독교 모두 인간 내면의 실상과 그 진리에 대해 말하고 있다. 두 종교는 현생의 불행이 진리에 대한 무지에서 비롯되며 그 진리에 대한 깨달음이나 믿음을 통해 불행으로부터 벗어날 수 있다고 말한다. 불교에서는 우주 근원인 공(空)이 존재한다는 것과 그로부터 허상인 우주 만물인 색(色)이 나왔다는 색즉시공의 진리를 깨닫지 못하고 자신을 포함한 색의 현상에 집착하여 불행에 빠진다고 말한다. 기독교에서는 우주 만물의 근원인 신이 존재한다는 것과 그가 우주 만물을 창조했다는 창조의 진리를 깨닫지 못하고 삶에 집착함으로써 구원받지 못한다고 한다. 따라서 불교에서는 공의 존재와 색즉시공의 진리를 깨달아 이를 믿고 자신을 포함한 모든 색으로부터 자유롭게 되어야 한다고 말한다. 기독교에서는 신의 존재와 창조의 진리를 깨달아 이를 믿고 현실의 삶으로부터 자유롭게 되어야 한다고 말한다.

두 종교 모두 현생 불행의 원인으로 원죄관을 지니고 있고 그로부터 벗어나도록 하는 삶의 길을 제시한다. 원죄에 대해 불교는 전생의 업보를 말하고, 기독교는 태초의 원죄를 말한다. 윤회를 믿는 불교에서는 현생의 불행은 전생에서 지은 죄 때문이고, 원죄를 믿는 기독교에서는 오늘의 불행은 태초에 인류의 조상이 죄를 지었기 때문이다. 불교에서는 참회하고, 악업을 멀리하고 선업을 쌓으며 살고, 기독교에서는 자신에 대해 진실로 회개하고 악을 멀리하고 선을 행하면서 살아야 한다고 가르친다.

인간 내면과 종교적 개념

선과 악, 죄와 지옥, 구원과 천국, 해탈과 천당, 연옥, 공, 신 등의 종교적 개념들은 인간 내면에서 발견되는 실상들이다. 평온의 공(空)과 번뇌의 현(現)이 공존하는 인간의 내면에서 공(空)은 선이고, 현(現)은 악이다. 내면에 선과 악이 공존하는 것은 자연스러운 일이다. 자극을 비교 · 구분하고 판단하여 지식을 형성하는 번뇌의 사고 작용인 현(現) 없이는 인간의 삶이 존재할 수 없기 때문에 인간에게는 선과 악이 모두 필요하다.

다만 건강한 내면을 위해서 악은 적게, 그리고 약하게 행할수록 좋다. 악을 자주, 그리고 크게 행할수록 진화가 더 많이 진행되어 인지공간이 더욱 성장한다. 이는 건강한 내면의 모습을 통해 확인될 수 있다. 건강한 내면일수록 주로 공의 평온인 선에 머물고 현재성, 전체성, 사실성 등과 같이 가벼운 악으로 나아간다. 더 필요한 경우에만 비현실성, 부분성, 조작성 등의 큰 악으로 나아가지만 곧 선으로 되돌아온다. 그러나 건강하지 못한 내면일수록 주로 현의 번뇌인 악에 머물고 더 큰 악을 추구하며 선으로 되돌아오기 힘들다. 인간의 삶에 악이 필요하지만 가능한 한 적게 행하며 살아야 하는 것이다.

선악은 '나' 자신에게 가장 가까이 있고 이미 친숙하여 자신도 모르는 사이에 둘 사이를 넘나들 수 있다. 악이 '나'에게 도저히 상대할 수 없는 무서운 공포의 대상이 아니기에 악을 경계하지 않을 수도 있다.

인간의 내면에서 극락과 연옥 또는 천국과 지옥은 선악과 밀접한 관련이 있다. 선이 있는 곳은 극락이나 천국이고, 악이 있는 곳은 연옥이나 지옥이다. 따라서 평온의 공(空)의 내면은 극락이나 천국이고, 번뇌의 현(現)의 내면은 연옥이나 지옥으로 인간의 내면에 극락과 연옥, 천국과 지옥이 공존한다. 평온의 공은 좁고, 번뇌의 현은 무한히 넓기에 천국은 좁고 지옥은 층층이 넓다. 그렇다 해도 인간이 두 곳을 오가며 사는 것은 자연스러운 일이다.

건강한 내면일수록 '나'는 극락이나 천국에 주로 머물고, 지옥이나 연옥에 머무는 시간이나 횟수가 적다. 하지만 건강하지 못한 내면일수록 '나'는 연옥이나 지옥에 주로 머문다. 더 깊은 지옥이나 연옥에 빠지며 자연스럽게 극락이나 천국으로 되돌아오기가 힘들다.

한편 죄는 인간이 겪고 있는 현생의 불행에 대한 인과적 논리에서 핵심적인 역할을 한다. 불교에서는 전생의 죄(업보) 때문에, 기독교에서는 태초의 원죄 때문에 인간은 불행하고 죄를 계속 지을 수밖에 없다고 한다. 인간은 그저 태어날 뿐인데 스스로 악하고 죄를 행하고 있다면 이는 자신이 존재하기 이전 무엇인가의 혹은 누군가의 잘못에 따른 것이라 생각할 수 있다.

인간의 내면에서 볼 때, 죄는 현의 악과 관련된다. 현의 번뇌를 행하는 것이 곧 죄다. 자극을 서로 비교 · 구분하고 판단하여 지식을 형성하는 사고 행위 그 자체가 죄다. 그러나 이 또한 가능한 한 죄를 적게 지어 건강한 내면을 지니는 것이 중요할 뿐 인간의 삶에는 죄가 필요하고 죄를 짓지 않고서는 존재할 수 없으므로 인간이 죄를 짓는 일은 자연스러운 현상이다.

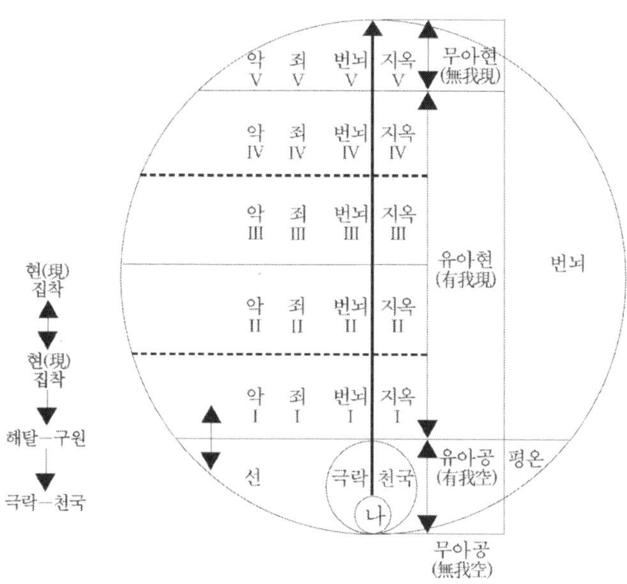

기독교의 원죄는 인간 조상인 아담과 이브가 신의 말씀을 어기고 선악과(the fruit of the tree of knowledge)를 따먹은 것이다. 그로 인해 그들은 선악을 알게 되었고 에덴동산에서 쫓겨났다.* 그리고 후손인 지구 사람들은 모두 불행한 삶을 살게 되었다. 이들의 원죄는 일련의 사고 행위를 통해 지식을 형성한 것이다. 그들의 내면은 평온의 공(空)에서 번뇌의 현(現)의 상태로 전환되었고 선악을 알게 되었다.

한편 불교의 죄는 인간의 내면을 극락에서 연옥으로 변화시킨 '나'의 행위다. 극락은 선이고 공(空)이며 평온이다. 연옥은 악이고 현(現)이며 번뇌다. 따라서 내면에서 번뇌를 일으키는 행위가 곧 죄다. 그런데 번뇌를 일으키는 행위는 비교·구분하고 판단하여 지식을 형성하는 결과를 낳는 일련의 사고 행위이므로 기독교에서 말하는 죄와 다르지 않다. '나'가 지식 형성으로 이어지는 번뇌를 멈추어 현(現)의 상태에서 공(空)의 상태로 전환하는 것이 곧 기독교의 구원이고 불교의 해탈이므로 이 또한 서로 다르지 않다.

마지막으로 공(空)과 신에 대해 생각해 보자. 인간 내면은 '나'와 인지 공간이 존재하며 그 공간 안에는 다양한 정신과 마음 현상들이 존재한다. 정신과 마음 현상은 '나'로부터 비롯된 것이다. 정신과 마음이 없는

---

* 에덴동산은 인류가 유아공의 내면만을 지니고 살았던 시대에 비유될 수도 있다. 인간이 다른 동물들과 달리 오늘날과 같이 사고하게 된 것은 그리 오래되지 않았다는 것이 진화학자들의 견해이다. 인류의 전체 진화의 역사는 한 인간의 발달 단계(예, 영아기, 유아기, 아동기, 청소년기, 성인기, 노인기 등)를 닮아 진행된다는 것이 저자의 입장인데 인류도 유아공의 내면, 즉 영아의 마음을 지니고 살았던 시기가 있었다고 볼 수도 있다. 한 인간의 인지발달의 단계적 특징은 2장 변화의 원리편 '기억과 집착'의 마지막 부분을 참고하기 바란다.

텅 빈 인지공간은 불교의 공(空)이고, 정신과 마음 현상들을 생성해 내는 '나'는 기독교의 신에 해당한다.

우주와 종교적 개념

우주는 인간의 내면과 닮았다. 내면이 '나'와 인지공간으로 구성되고, '나'로부터 나타난 다양한 정신과 마음 현상이 인지공간 안에 있는 것처럼, 우주는 근원과 우주 공간이 존재하고 근원으로부터 자연 만물이 나타나 우주 공간에 존재한다.

기독교와 불교 모두 우주를 비롯한 자연 만물의 근원이 존재한다는 믿는다. 하지만 근원의 정체와 기능에 대해서는 견해가 서로 다르다. 성경은 태초에 신으로부터 자연 만물이 시작되었다고 하고, 불경은 공(空)이 자연 만물의 색(色)으로 나타났다고 한다. 기독교는 신이 모든 만물을 창조하였으므로 창조 행위의 주체가 분명하며 자연 만물이 우연히 나타난 것이 아니라고 한다. 불교에 따르면 우주 대자연에는 행위 또는 작용만 있을 뿐 그 행위를 담당하는 주체(행위자)가 없다. 그 행위는 우연에 의한 것이다. 모든 현상은 우연한 조건하에서 서로 의존하여 존재하는 연기법으로 설명된다. 영원한 우주의 법칙으로서 현상계의 모든 만물이 존재하고 소멸한다고 여기는 연기법에 따르면, 대자연의 모든 현상은 인연생기(因緣生起)의 형태로 존재한다. 또 인(因: 직접적 원인)과 연(緣: 간접적 원인, 조건이라고도 함), 즉, 인연(因緣: 통칭하여, 원인)에 따라 생겨나고 사라진다.

불교의 세계관은 오늘날 과학계의 사고와 유사하다. 물질의 생성에서 물질은 곧 에너지다($E=mc^2$). c^2는 조건에 해당하고 이 조건하에서 에너지는 물질이 될 수 있다. 불교의 공즉시색 색즉시공에 해당한다. 에너지는 물질 형성 재료로서의 한 조건이며 c^2라는 조건도 우연일 뿐 그 조건을 만들어내는 주체(행위자)는 따로 없다.

그러나 처음에 우주 공간에 아무 것도 없었던 것은 아니다. 무(無)에서 시작했다고 볼 수 없다. 불교의 공(空)은 무(無)가 아니라 유(有)의 공(空)한 상태다. 유의 공한 상태는 기독교의 신이다.

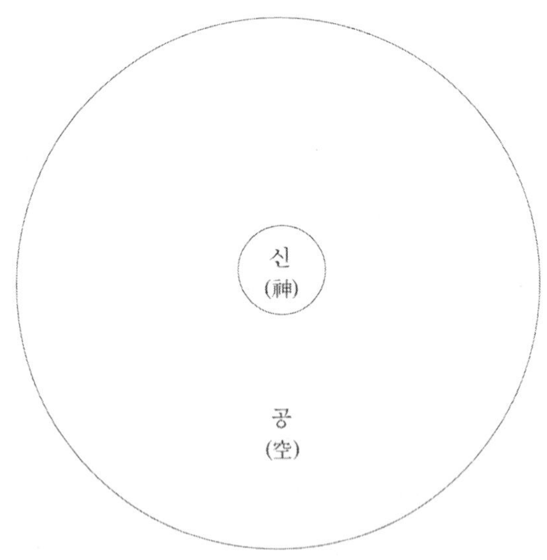

우주 공간에 어떤 자연 만물도 나타나지 않아 텅 빈 상태인 불교의 공(空)은 선이고 평온의 극락이다. 자연 만물이 나타나 채워진 상태의 우주

공간인 색(色)은 악이고 번뇌의 연옥에 해당한다. 한편 아무것도 창조하지 않아 기독교의 신만 존재하는 우주 공간은 선의 천국, 즉 신의 나라이다. 창조된 다양한 형상들이 존재하는 우주 공간은 악의 지옥이다. 자연 만물이라는 지적 구조물, 즉 지식을 창조하여 선의 천국을 악의 지옥으로 만든 태초 신의 행위는 곧 원죄에 해당한다. 신조차도 번뇌하여 천국을 지옥으로 만들었으니 신의 나라 또한 선의 천국과 악의 지옥이 공존한다는 것을 의미한다.

기독교에서는 천국과 지옥, 그리고 영생과 죽음을 이야기한다. 아무런 현상도 나타나지 않는 신의 나라 천국은 그대로 영원하지만, 일단 물질 형상으로 나타난 자연 만물의 신의 나라는 언젠가 반드시 사라지게 될 유한한 존재다. 인류의 조상 아담과 이브는 육체라는 물질적 형상으로 나타났기에 당연히 죽을 수밖에 없다. 아담과 이브가 육신의 형상으로 지구상에 나타난 것은 신이 지은 원죄 때문이다. 이런 생각은 불교에서도 마찬가지다. 지구에 인간으로 태어난 것 자체가 현상 집착에 따른 윤회의 결과이며 그것은 불행이자 고행이다.

선의 천국과 악의 지옥이 공존하는 것은 자연의 건강한 모습이다. 천국의 아담과 이브가 지옥의 아담과 이브로 전락한 것은 신의 건강한 행위의 결과로 나타난 자연스러운 일이다. 자연에 신의 천국만이 존재하거나 신의 지옥만 존재하는 것은 있을 수 없다. 자연은 선이 악이 되고 악이 선이 되며, 신이 아담이나 이브가 되고, 아담이나 이브가 신이 되는 세계다. 선만 존재하는 세계는 자연이 아니며, 악 없는 세계는 존재할 수 없다. 천국은 지옥을 위해 존재하고, 지옥은 천국을 위해 존재하며, 공

(空)의 극락은 현(現)의 연옥을 위해, 현의 연옥은 공의 극락을 위해 존재하는 그런 세계가 자연이다.

선을 숭배하고 악을 저주하는 것은 극단적인 종교적 사고이며 자연 세계에 대한 비현실적인 믿음이다. 기독교의 선악과 이야기는 인간이 왜 지구에서 불행하게 살게 되었는가를 반추하는 종교적 논리이다. 현상에 집착하여 번뇌의 죄를 지으며 주로 악에만 머무는 인간의 내면을 건강하게 회복시키기 위한 치유의 방법으로 이해해야 한다. 악의 번뇌에서 선의 평온으로 되돌아가기 힘든 내면을 건강하게 회복하기 위한 전략적 논리다. 오직 선의 신이나 공에 집중하거나, 선을 가까이하고 악을 멀리하려는 노력을 통해 번뇌의 현상에 대한 집착을 차단하고 그로부터 벗어날 수 있기 때문이다. 물론 내면이 건강하지 못한 사람이 공(空)으로 되돌아가기 위해서는 겹겹이 가로 놓인 현(現)의 지옥 관문들을 부수며 나아가려는 의식적이고 고통스러운 수행이 필요하다.

기독교에서 영생과 죽음의 대상은 육신의 인간이 아니라 영적 존재로서의 '나'에 대한 것이다. 하나님이 죄 지은 아담과 이브를 에덴동산 밖으로 쫓아내고 다시는 들어오지 못하도록 "그룹들과 두루 도는 화염검을 두어 생명나무의 길을 지키게" 했다는 것은 현(現)에 집착하여 자연스럽게 공(空)으로 돌아갈 수 없는 인간 내면의 현실을 비유한 것이다.

이는 곧 살아서 건강한 내면을 지닐 때 죽어서도 천국에 가고 영생할 수 있다는 의미이다. 건강한 내면일수록 '나'는 내 안에서 극락이나 천국에 주로 머문다. 건강한 내면을 지닌 사람이 죽으면 '나'는 우주의 극락이나 천국으로 되돌아갈 것이다. 현상에 집착하지 않고 자유로 산다면 죽어서도 극락이나 천국에 살게 되지만, 현상에 집착한다면 살아서든 죽어서든 연옥이나 지옥에 살게 된다. 인간 내면의 극락이나 천국은 우주의 극락이나 천국으로 통하는 문이다.

인간 부처와 예수

부처와 예수는 인간 내면과 우주에 대한 나름의 진리를 깨달았다. 진리를 통해 길을 찾았으며 길을 통해 먼저 자신을 구원했다. 그들은 진리와 길을 가르친 스승이고 믿고 따르는 신자를 거느린 교주다. 부처와 예수는 다른 시대를 살았지만 인간 내면에 연옥이나 지옥, 극락이나 천국이 존재함을 깨닫고 자신이 찾은 길을 통해 연옥이나 지옥으로부터 벗어나 극락이나 천국에 이르는 해탈이나 구원을 얻었다.

내면에서 볼 때, 부처나 예수가 깨달은 극락과 천국, 연옥과 지옥은 서로 다르지 않다. 두 사람 모두 공(空)의 마음을 깨닫고 가르쳤다. 공(空)은 본성이 일어나지 않는 상태다. 자극을 느끼거나 비교하고 판단하여 구분하며 지식을 형성하지 않는다. 감정이 일어나지도 않는다. 마음이 가난한 자는 복이 있고 천국이 그들의 것이며, 이웃을 내 몸과 같이 사랑하고 적을 사랑하며 왼쪽 빰을 맞으면 오른쪽 빰을 내주라는 예수의 말은 이런 맥락에서 이해해야 한다. 공(空)의 내면에서는 나도 없고 나와 너를, 나와 이웃을, 나와 적을 비교하거나 구분하거나 판단하지 않는다.

부처와 예수는 힌두교나 구약의 죄관을 믿었다. 인간이 사회에서 악행을 저지르는 것은 내면의 상태가 불행해졌기 때문이고, 내면이 불행해진 이유는 전생에 혹은 태초에 죄를 지었기 때문이라고 말한다. 부처는 자신의 업보를 속죄하고 무아의 공(空)으로 살면서 선업을 쌓으라고 가르쳤다. 예수 또한 자신의 죄를 회개하고 가난한 마음으로 살면서 선을 행할 것을 강조했다. 이를 위해 부처는 보리수나무 아래에서, 예수는 황량한 유대광야에서 긴 시간 금식 수행했으며 극단적이고 완벽주의적인 삶을 추구했다. 부처는 철저한 자기 부정이나 자기 살인을 통해 무아(無我)의 극단을 보였고, 예수는 초월적인 사랑을 통해 속죄의 극단을 보여 주었다. 부처와 예수 모두 무아, 무소유, 박애의 삶에 집중하였으며 공(空)의 마음 그 자체였다.

부처와 예수는 내면에 대한 동일한 깨달음과 삶의 자세를 보여 주었지만 그들의 최후는 서로 달랐다. 부처는 사회적인 마찰 없이 묵묵히 자신의 길을 간 반면, 예수는 유대교 교리의 일부를 비판하고 사회 개혁을 주도하다 기존 세력에 의해 처형되었다.

21세기의 종교의 선택

종교들은 서로 다른 신념으로 갈등과 충돌을 빚으면서 사회적 혼란을 가중시키는 요인이 되었다. 오늘날에도 불교, 천주교, 기독교, 이슬람교 등 세계의 주요 종교들은 여전히 화합하지 못하고 서로 대립하고 갈등하면서 사회적의 불안을 고조시키고 있다.

내면을 건강하게 회복하는 종교의 목적은 동일하지만 그 길은 시대와 장소에 따라 다를 수 있다. 그 길이 인간 내면의 건강으로 인도한다면 종교적 진리나 지식의 사실성 여부에 대한 갈등은 무의미하고 소모적이다. 종교적 진리나 지식의 사실성 여부는 인류의 진화 과정을 통해 밝혀지거나 거듭나게 될 것이다.

21세기의 모든 종교는 인간 내면의 건강 회복을 공통의 목적으로 삼고 타 종교를 서로 인정하고 포용해야 한다. 각 종교의 '겉 길'속에 숨어 있는 '속 길'을 찾아 서로 하나가 되는 화합의 길로 나아가야 한다. 모두 힘을 모아 건강한 인간 내면이 어떤 모습인지, 인간과 환경의 상호관계성 안에서 인간 내면이 왜, 어떻게 건강하지 못한 상태로 변화하게 되었는지에 대한 원리를 찾아야 한다. 시대 지성의 눈높이에 맞춘 보다 단순화된 21세기 경전을 써야 한다.

정상에 진리가 있다는 … 두 산은 같은 산일까

A국의 변방에 산이 있습니다. A국 사람들은 '세상에서 가장 높은 산'이라고 부릅니다. 국경을 맞댄 B국의 변방에도 산이 있습니다. B국 사람들은 '어떤 산보다 더 높은 산'이라고 부르죠. 정상은 늘 구름에 가려져 있어 보이질 않습니다. 사람들은 궁금해 할 따름이죠. '정상에는 무엇이 있을까', '꼭대기는 어떻게 생겼을까', '거기서 보는 풍경은 대체 어떨까.'

전설도 있습니다. A국에는 '산의 정상에 진리가 있다'는 말이 전해져 오죠. B국도 마찬가지죠. '정상에는 영원한 생명이 있다'는 예언이 옛날부터 내려오고 있습니다. 숱한 사람들이 그 산을 올랐습니다. A국에선

남쪽 루트로만 오르고, B국에선 북쪽 루트로만 오르죠. 남쪽 길에는 복사꽃이 흐드러지게 피어 있죠. 반면 북쪽 길에는 구비마다 유채꽃이 만발합니다. A국과 B국 사람들은 늘 다투죠. "복사꽃을 통해야만 진리에 들 수 있다", "아니다. 유채꽃을 밟지 않고선 정상에 갈 수가 없다." 아무도 정상을 밟고 내려오는 이는 없습니다. 길이 너무 험하기 때문이죠. '길 없는 길'을 가야 하니까요. 그래서 사람들은 급기야 "산의 정상은 죽어야만 갈 수 있다"고 말할 정도가 됐죠.

그렇다고 정상에 올랐던 이가 전혀 없었던 것은 아닙니다. A국에선 2500년 전에 '석가모니'라는 사람이 정상을 밟았다고 하네요. 또 B국에선 2000년 전에 '예수'라는 이가 정상에 있었다고 합니다. 이들에 대한 기록도 있습니다. 바로 '불경'과 '성경'이죠. 그런데 '성경'과 '불경'에서 말하는 남쪽과 북쪽의 등산로, 주위 풍경은 사뭇 다릅니다. 결국 사람들은 "이 산은 이 산이고, 저 산은 저 산일 뿐"이라고 말합니다.

[출처: 중앙일보] "정상에 진리가 있다는 … 두 산은 같은 산일까"(백성호 기자의 현문우답)

구도자

자연의 산에 온통 꽃들이 피어 있다. 어떤 곳은 살구꽃이 피어 있고 어떤 곳은 사과꽃이 피어 있다. 한 사람은 살구 꽃밭을 지나 오르고 다른 사람은 사과 꽃밭을 지나 오른다. 그러나 그들에게 살구꽃이나 사과꽃은 중요하지 않다. 그들이 보고자 산을 오르는 것이 아니기 때문이다.

그들은 살구꽃밭을 지나고 사과꽃밭을 지나 더 이상 걸어서 갈 수 없는 곳까지 올라갔다. 위에는 텅 빈 허공뿐이어서 더 이상 오를 수가 없다. 그런데 그곳에도 여전히 꽃들이 피어 있다. 산 아래와 마찬가지로 여전히 서로 다른 꽃들이다. 한 사람이 오른 정상에는 사과꽃이 피어 있고 다른 사람이 오른 산 정상에는 살구꽃이 피어 있다.

그러나 이 곳 어디에도 이 모든 꽃들이 피어나온 시원의 샘은 보이지 않았다. 여전히 산 아래이다. 한 구도자가 말한다. 이 산과 산에 핀 모든 꽃들이 저 허공에서 나왔다. 저 허공은 이 산과 꽃들의 고향이다. 따라서 언젠가는 이 산과 꽃들도 저 허공으로 다시 돌아가게 될 것이다. 나도 저들처럼 허공에서 와서 허공으로 다시 돌아가는 존재이다.

다른 구도자가 말한다. 저 허공 위에는 하느님이 계신다. 이 산과 산의 모든 꽃들뿐만 아니라 저 허공조차 그 분이 창조하셨다. 그 분이 저 허공과 이 산 그리고 산의 꽃들을 자신의 뜻대로 창조하셨고 지금도 그들을 돌보고 계신다. 이 모든 것들이 그 분의 뜻이고 그 분의 의미이며 그 분의 세상이다. 나도 그 분의 뜻대로 지어졌고 그 분의 뜻으로 이곳에 왔으며 그 분의 뜻대로 그 분에게로 다시 돌아 갈 것이다.

사람의 산도 온통 꽃밭이다. 산 아래에 어떤 곳은 하얀 꽃이 피어있고 어떤 곳은 노란 꽃이 또 어떤 곳은 빨간 꽃이 피어 있다. 말과 행동의 꽃밭이다. 두 사람은 그 꽃밭을 지나 더 높이 올라간다. 더 이상 걸어서 올라 갈 수 없는 곳까지 올랐다. 위에는 깜깜해서 아무것도 보이지 않았지만 그곳에도 여전히 꽃들이 피고 지고 있다. 마음의 꽃들이다. 산 아래와 마찬가지로 그곳에도 이런저런 서로 다른 마음의 꽃들이 피어 있다. 어떤 곳에는 붉은 욕망과 생각의 꽃들이, 어떤 곳에는 노란 욕망과 생각의 꽃들이 피어 있고 또 어떤 곳에는 분홍 욕망과 생각의 꽃들이, 아무 것도 없는 깜깜한 곳으로부터 그곳에 새로운 꽃들이 끊임없이 피었다 진다. 그러나 그 끝없이 피어나는 욕망과 생각의 꽃들의 씨앗이 떨어져 나오는 산 정상은 보이지 않았다.

그곳에서 그들이 말한다. 저 욕망과 생각의 꽃들은 무엇인가? 이들이 어디에서 온 것인가? 바로 '나' 자신에게서 왔다. '나'가 바로 그 그릇된 욕망과 생각의 샘이다. 그 정상에는 바로 '나'가 있다. '나'가 마음에 그 꽃들을 피워내는 것이다. '나'가 이 산의 주인이며 '나'에게서 나오지 않은 것이 없는데 '나'가 하지 않았다면 그들이 어디서 왔겠는가? 그런데 '나'는 왜, 어떻게 그런 꽃들을 피워내고 있는가? '나'가 무명을 일으킨 거야. 내가 눈이 어두워서 그래. 그런데 나는 태어난 죄밖에 없는데 내가 어떻게 잘못 될 수가 있단 말인가? 윤회 때문이야! '나'가 전생에 죄를 지은 거야. 그렇지 않다면 '나'가 왜 태어나자 나도 모르게 그런 꽃들을 피워내고 있겠는가? 그렇다면 어떻게 해야 하는가? 무명에서 벗어나야 해. 모든 것이 허상이라는 것을 깨달아야 해. 실체 없는 허상! 대자연의 모든 만물이 모두 다 허상일 뿐인데 '나'는 마음의 밭에 내 허상의 꽃을 피워 놓고 그 허상을 보고 기뻐하고 슬퍼하는 것이다. '나'조차도 허상인데. 자연도 '나'처럼 자신의 마음 밭에 크게 한번 생각한 것일 뿐이다. 자연도 '나'처럼 자연의 마음 밭에 피어난 허상의 꽃들이야. 실재하는 것처럼 보일 뿐 사실은 실재하지 않는 허상의 '나'라는 존재가 자신 안에 또 다른 허상을 지어 기뻐하고 괴로워하는 것이다. 사람의 모든 기쁨과 괴로움은 허상인 '나'에게서 시작되고 그 허상의 허상인 '생각' 때문이야. 그러므로 내가 그 공의 진리를 깨달아 자연이 지은 만물의 허상뿐만 아니라 내가 지은 내 마음의 허상에도 집착하지 말아야 해. 나는 있는 듯 없는 순간의 허상이며 내 마음은 공이다. '나'는 내 마음의 꽃밭에 번뇌의 꽃들을 피우지 말아야 하고 이미 피어난 꽃들은 저 텅 빈 허공처럼 비우고 또 비워야 한다. 허상에 집착하지 않고 허공과 같은 텅 빈 마음으로 사는 것이 또한 행복이다. 저 텅 빈 허공을 보라. 아무 것이 없어도 그저 그 자체로서 족하지 않는가?

다른 구도자가 생각한다. 인간의 산에 가득 피어있는 저 오욕의 꽃들은 무엇인가? 인간의 영혼이 잘못 된 거야. 아니 아무 것도 모르고 태어난 영혼이 무엇을 했다는 것인가? 죄가 있다면 태어난 것뿐인데. 그렇다면 하느님이 창조한 태초의 인간이 죄를 지은 것이다. 처음에 하느님이 사악한 인간을 만들었겠는가? 원죄 때문이야! 모든 그릇된 욕망은 태초의 인간이 죄를 지어 '하느님'이 벌을 준 결과이다. 태초에 하느님은 깨끗한 마음을 가진 인간이라는 산을 창조하셨지만 지금 그 산에는 오욕의 샘물이 흐르고 산 이 곳 저 곳에 화려한 욕망의 꽃들이 피어나고 있다. 이는 하느님의 뜻대로 창조된 인간이 하느님의 뜻을 무시하고 자신의 뜻대로 행동하여 신이 벌을 내리 신 것이야. 모든 사람들이 죄 가운데 있고 계속 죄를 짓고 있는 것이야. 그 욕망은 신이 주신 벌이니 사람들은 자신의 힘으로 그 죄로부터 벗어날 수 없으며 오직 하느님만이 그 벌을 거두어 주실 때에만 그로부터 벗어날 수 있어.

내가 그 분께 용서를 빌어야 해! 내가 그러려고 여기에 왔지. 그 분이 그 뜻을 위해 나를 보내신 거야. 그 분의 뜻대로 죄로 말미암아 악의 한 가운데에 갇힌 모든 사람들을 구하기 위해 내 몸을 제물로 바쳐 그 분께 용서를 빌어야 한다. 나로 말미암아 신께서 비로소 그 죄를 용서하시어 모든 인간이 그 죄로부터 사함을 받아 악으로부터 구원될 것이다. 따라서 신의 용서가 있은 후 모든 사람들은 다시는 신의 말씀을 거역하지 말고 오직 그 분의 뜻에 따라 살아야 한다. 내가 그 분에게서 왔으니 내가 바로 그 분의 뜻이지. 그러므로 그 분의 뜻을 알려면 나를 보면 돼. 나처럼 살아야 해. 그래야 행복할 수 있고 그 분에게 다시 돌아갈 때 받아 주실 거야.

[출처: 블로그(https://blog.naver.com/songshat)] 종교, 두 구도자

중도

종교적 깨달음이나 믿음의 실천은 극단적일 수 있다. '나' 자신을 포함하여 모든 현상을 부정하고 오직 공(空)이나 신에게만 집중하여 세속을 떠나 살 수도 있다. 장시간 내면에 집중하면 무아의 상태를 경험하는 불교의 '참 나 명상' 또한 그런 극단적인 노력이다. 이런 노력은 치유를 위한 특별한 전략이다.

이런 방식으로 무아나 공을 깨닫는 과정은 시간과 공간적 제약이 따르고 인내와 고통이 수반된다. 공(空)의 상태로 일상을 일관할 수 없기 때문에 대중이 행하기 어렵다. 또 참 나의 경험이나 깨달음은 눈을

감고 마음을 이완시키는 과정에서 '나'의 활성도가 낮아져 유아공 상태를 경험하는 것과 다르지 않다. 공과 현상 및 현상 안에서의 인간의 삶을 통합적으로 깨달을 때, 보다 중도적이고 보편적인 삶을 이끌 수 있는 지혜가 발휘될 수 있다. 현상 속에서 공(空)이나 현(現)의 어느 극단에 치우치지 않고 두 곳을 '건강하게' 오가며 살게 해주는 깨달음을 얻고 그 깨달음에 집중하며 현실을 사는 것이 중요하다.

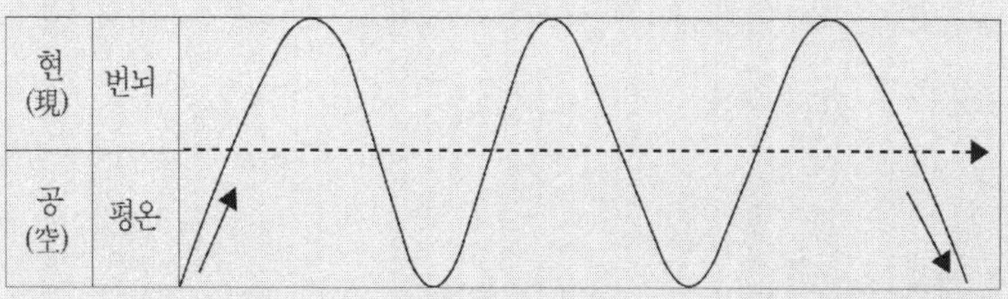

십자군 전쟁(crusades, 十字軍戰爭)

11세기 말에서 13세기 말 사이에 서유럽의 그리스도교도들이 성지 팔레스티나와 성도 예루살렘을 이슬람교도들로부터 탈환하기 위해 8회에 걸쳐 감행한 원정이다. 그리고 이 전쟁에 참여한 군사를 십자군이라고 부른다. 당시 전쟁에 참가한 기사들이 가슴과 어깨에 십자가 표시를 했기 때문에 이 원정을 십자군이라고 부르게 되었다. 십자군의 태동이 종교적 요인에 의한 것이라는 점은 명확하고 또한 유일신을 믿는 그리스도교도와 이슬람교도와의 배타적 싸움이라는 점에서도 종교전쟁으로 인정된다. 그러나 이것을 간단히 종교운동이라고 성격지을 수는 없는 복합적인 이해가 요구된다. 봉건영주와 하급 기사들은 새로운 영토지배의 야망에서, 상인들은 경제적 이익에 대한 욕망에서, 또한 농민들은 봉건사회의 중압으로부터 벗어나려는 희망에서 저마다 원정에 가담하였다.

그 밖에 여기에는 호기심 · 모험심 · 약탈욕구 등 잡다한 동기가 신앙적 광기와 합쳐져 있었다. 대체로 십자군시대의 서유럽은 봉건사회의 기초가 다져지고 상업과 도시의 발달도 어느 정도 이루어져 있어서 노르만인의 남(南)이탈리아 및 시칠리아 정복, 에스파냐의 국토회복운동, 동부 독일의 대식민활동 등에서 볼 수 있듯이 주변 세계와의 경계를 전진시키고 있었다. 따라서 이런 배경에서 십자군도 정치적 · 식민적 운동의 일환이 될 수밖에 없었고, 종교는 이 운동을 성화(聖化)시키는 역할을 수행하게 된 것이다.

[출처: 네이버 지식백과] 십자군전쟁 [crusades, 十字軍戰爭] (두산백과)

종교전쟁

넓은 의미로는 모든 종교에 관계되어 일어난 모든 전란을 지칭하나, 서양사상(西洋史上)의 용어로서는 16세기 후반에서 17세기 후반에 걸친 유럽에서 종교개혁을 계기로 한 신교와 구교 양교파의 대립으로 야기되어 국제적 규모로 진전된 일련의 전쟁을 가리키며 13세기에서 16세기 초반까지 이단으로 몰려서 탄압되었던 여러 종파들과 벌어진 국지적인 전쟁도 포함된다.

십자군과 알비즈의 전쟁

13세기 초, 남(南)프랑스의 알비(Albi)와 툴루즈(Toulouse)를 중심으로 세력을 떨쳤던 이단(異端) 종파인 알비즈와 파(派)에 대한 교황 이노센트 3세의 응징요구를 받고 출동한 십자군과 알비즈의 전쟁이 중세 종교전쟁의 시작이다. 1208년에 일어났으며 이 전쟁으로 많은 사람들이 살해되고 특히 화형되어 죽었다.

후스의 전쟁

15세기에 일어난 종교전쟁으로 후스의 전쟁이 있다. 체코 출신의 종교 개혁가인 얀 후스(Jan Hus)가 화형으로 사망한 후 그의 교시(教示)를 받던 보헤미아인(人)들이 박해에 저항하여 반란을 일으켰다(1419). 교황은 이들을 이단으로 여겨 1420년부터 약 10년간에 걸쳐 십자군을 동원하여 일으킨 전쟁이 후스 전쟁이다.

기사 전쟁

루터의 종교개혁 후 1522년 독일에서 성직자와 제후는 서로 대립하였는데 지킹겐(Sickingen), 후텐 등의 기사(騎士)를 지도자로 하는 독일의 기사들이 트리엘 대주교령(大主教領)을 습격하면서 종교전쟁을 일으켰다. 이후 반격을 받아 기사단은 참패하였다.

스위스 신교 구교 전쟁

스위스 출신의 종교개혁가인 츠빙글리가 스위스 취리히를 중심으로 종교개혁에 나섰는데 당시 종교개혁을 추진하면서 1531년 카펠에서 신교파와 구교파 사이에 전쟁이 일어났다. 이 전쟁에서 츠빙글리 자신도 전사하게 된 신 · 구 양파의 전쟁이다.

슈말칼덴 전쟁

1530년 독일 신교파(新教派)의 제후(諸侯)와 도시가 카를 5세의 탄압정책에 항거해서 슈말칼덴 동맹을 결성하여 1546~1547년 황제측의 제후군(諸侯軍)과 싸운 슈말칼덴 전쟁 등도 종교전쟁에 포함된다.

16세기까지 종교전쟁은 국지적인 내란의 성격이었지만 16세기 후반에 접어들면서 종교전쟁은 국제전쟁의 양상으로 변모하게 된다. 처음 종교전쟁이 발발한 것은 내란으로 시작되었지만 점차 전쟁이 확전되어 여러 외국의 간섭을 초래하면서 국제전쟁으로까지 확대되었다.

위그노 전쟁

16세기 후반 프랑스 남부에서 일어난 종교전쟁으로 신교와 구교 간에 일어난 전쟁이었다. 프랑스 남부에서는 신교파를 위그노라고 불렀는데 점차 신교파가 세력을 확장하자 구교와 정치적 세력권을 두고 대립하게 되었다. 위그노 전쟁은 신교파인 나바르 왕국과 엮인 전쟁이었으며 36년간 계속되어 프랑스를 황폐화 시켰다.

네덜란드 독립전쟁

16세기 후반에서 17세기 후반에 걸쳐 일어난 전쟁으로 네덜란드 북

부지역 칼뱅파가 점차 증가하고 무역으로 발달하자 가톨릭 구교파인 에스파냐 펠리페 2세가 이들을 탄압하면서 일어난 전쟁이다. 칼뱅파 도시들은 자치권을 박탈당하고 재정적인 수입을 빼앗기게 되자 구교파에 대항하여 전쟁을 일으켰으며 이 전쟁은 네덜란드 독립전쟁으로 발전하였다.

30년전쟁

17세기 전반 독일에서 일어난 전쟁으로 대표적인 종교전쟁으로 손꼽는다. 신교와 구교 간에 벌어진 전쟁으로 가톨릭파인 페르디난트 2세가 보헤미아의 왕위에 오르면서 일대 신교파와 갈등을 빚으면서 일어난 전쟁이다.

영국과 에스파냐의 전쟁

16세기 후반에 일어난 이 전쟁은 메리 1세의 남편으로서 영국에 구교(舊敎)의 부활을 기도한 펠리프 2세에 대해 엘리자베스 1세가 네덜란드 독립전쟁에 출병(出兵)해서 신교도의 독립군을 원조하고, 다시 펠리프 2세가 스코틀랜드 여왕 M. 스튜어트를 영국 여왕으로 추대하여 영국에 구교를 뿌리박으려 하였기 때문에 영국 국민이 이에 반발하여 스페인 무적함대(無敵艦隊)를 격파해서 그 의도를 분쇄한 것이다.

종교전쟁에서 공통점으로 나타나는 것은 결코 종교적인 문제에 한정되어 일어난 것이 아니라, 정치와 종교가 엉켜 정치적 · 영토적 야심과 분리할 수 없을 정도로 묶여 있다는 점이다. 30년 전쟁을 끝으로 더 이상 '종교'를 내세운 전쟁의 구실은 없어지고 정치적 야망이 그대로 드러나게 되었다.

[출처: 네이버 지식백과] 종교전쟁 [Wars of Religion, 宗教戰爭] (두산백과)

우리가 무함마드 적통 수니 · 시아파 1400년 전쟁

사우디아라비아와 이란의 갈등은 이슬람 대표 종파인 수니파와 시아파의 오래 전부터 품어왔던 원한에서 비롯됐다. 이슬람교 전체의 85% 가량을 차지하는 수니파와 소수파인 시아파의 갈등은 1400년 전으로 거슬러 올라간다. 632년 이슬람교 창시자 무함마드가 후계자 없이 사망하자 이슬람 세력은 분열됐다. 수니파는 공동체 합의로 칼리프(정치 · 종교 지도자) 선출을 주장했으나 시아파는 무함마드의 친 · 인척만 칼리프 자격이 있다고 주장했다. 수니파 뜻대로 선출된 1~3대 칼리프들은 병으로 죽거나 암살당했다. 시아파가 적통이라고 주장한 알리는 4대 칼리프가 됐지만 수니파에 의해 암살당했다. 그의 차남 후세인과 그 가족들도 이라크 카르발라에서 피살되며 수니파와 시아파는 원수 사이가 됐다.

수니파는 이후 칼리프제를 이어가며 정복 활동을 벌였다. 동유럽과 중앙 · 동남아시아, 북아프리카까지 영향력을 넓혀 오늘날의 이슬람 영역을 확립했다. 칼리프 국가는 1922년 오스만 튀르크 제국의 멸망으로 사라졌다. 그러나 18세기부터 아라비아반도에서 영향력을 행사했던 사우드 가문이 32년 사우디아라비아 왕국을 건국하고 이슬람 성지 메카 · 메디나의 수호자를 자처하며 사우디는 수니파의 맹주가 됐다.

칼리프를 부정하고 알리와 후손들을 추종한 시아파는 이라크 지역에 정착했다. 이란은 수니파가 우세한 나라였지만 오스만 제국과의 갈등으로 1500년께 시아파로 종파를 바꿨다. 이란은 79년 혁명 이후 시아파의 맹주를 자처한다. 사우디와 이란은 80년대 이후 반목을 거듭했다. 이란 혁명을 이끈 아야톨라 루홀라 호메이니가 사우디의 건국 이념인 와하비즘을 이단이라고 비난해 88년부터 3년간 외교 관계가 단절되기도 했다.

[출처: 중앙일보] "우리가 무함마드 적통" 수니 · 시아파 1400년 전쟁

동남아는 왜 갈등의 화약고가 됐나

지난달 23일 250여 명의 사망자를 낸 스리랑카 부활절 폭탄 테러를 계기로 동남아시아와 서남아시아 국가들의 종교 및 민족 갈등이 새삼 주목받고 있다. 스리랑카를 비롯해 인도, 말레이시아, 인도네시아, 미얀마, 방글라데시, 필리핀 등은 제국주의 시절 열강의 지배를 받았고 민족, 인종, 종교 구성도 매우 다양하다.

과거 열강이 식민통치를 위해 종교, 민족 갈등을 부추겼다면 현대에 들어서는 이를 이용한 종파 정치가 기승을 부린다. 소수 민족 및 교도를 향한 탄압과 박해가 갈수록 심화되고 '온건파 무슬림'이 집권했던 지역에서 이슬람 원리주의를 주창하는 세력이 힘을 얻고 있다. 이 와중에 중동에서 밀려난 이슬람국가(IS) 등 극단주의 무장단체까지 이 지역을

파고들면서 유혈 사태가 속출하고 있다. 언제든 '제2, 제3의 스리랑카' 비극이 재연될 위험성을 지닌 셈이다.

싱할라-타밀 내전 종식 10년… '새로운 적'으로 갈라진 스리랑카

스리랑카는 과거 오랜 세월 동안 불교도가 다수인 싱할라족과 힌두교 타밀족이 반목해 온 나라다. 영국은 스리랑카를 식민통치하며 소수의 타밀족이 다수의 싱할라족을 지배하는 '분리통치' 정책을 추진했다. 잠재해 있던 갈등은 1948년 스리랑카 독립 후 정부가 싱할라족 우대책을 쓰며 표면화됐다. 이에 반발한 타밀족은 반군 타밀일람해방호랑이(LTTE)를 창설하고 두 민족 사이의 내전은 1983년부터 2009년까지 26년간 이어졌다. 뉴욕타임스(NYT)에 따르면 두 민족의 갈등으로 대통령과 총리가 살해당했으며 수십 명의 정치인이 목숨을 잃었다. 유엔에 따르면 30년 가까운 내전으로 4만 명의 타밀족이 목숨을 잃었다.

내전이 종식된 지 10년 만인 올해 스리랑카는 이번 부활절 테러 이후 다시 공포에 휩싸였다. 이번 사건은 특히 스리랑카 내에서도 소수파로 분류되는 기독교에 대한 이슬람극단주의자들의 소행이라는 점에서 과거 갈등과 다른 양상을 보인다. 2012년 스리랑카 인구통계에 따르면 불교 70%, 힌두교 12%, 이슬람과 기독교(가톨릭 포함)는 각각 10%와 7%를 차지한다.

[출처: 동아닷컴] [글로벌 포커스] 종교-인종 분쟁 얽히고설켜… IS 영역확장 겹쳐 유혈 충돌

4. 학문

진화와 학문

우주대자연의 세계는 상호관계성의 진리를 통해 서로 연결되어 형상화된 지적 구조물인 '거대(전체)지식'이다. 학문은 세계에 대한 진리탐구의 행위이다. 세계에 대한 지식은 인간과 사회 문제의 해결책을 제시해준다.

지식에 대한 이성적 본성은 지적 욕구 및 호기심으로 나타난다. 지적 욕구와 호기심으로 자극을 감각하고 자극들 사이에서 상호관계성의 진리를 찾아 지식을 형성한다.

학문은 인간이 지구에 처음 나타났을 때부터 시작되었다. 인류의 진화에 따라 학문도 진화해오고 있다. 인지공간이 작아 내면이 건강했던 초기 인류는 세계를 전체적으로 있는 그대로 보고 주로 거시적이고 사실적인 지식을 형성했다. 필요한 경우에 한하여 부분적이고 세밀한 지식을 형성했다.

인지공간의 과진화에 따른 내면장애가 발생된 후에는 학문에서도 병리현상이 나타났다. 현상에 대한 집착으로 근원에 대한 관심이 줄어들었다. 상대적으로 현상에 대한 부분적인 지식 탐구에 치우치게 되었다. 전체성, 현재성, 사실성보다 부분성, 비현재성, 조작성의 본성이 더 강하게 나타나 현상에 대한 부분적이고 세밀한 지식이 무분별하게 형성되었다. 비사실적이고 추상적인 지식 또한 급속하게 형성되면서 학문이 과도하게 세분화되는 혼란의 양상을 보이게 되었다.

학문은 인지공간의 진화뿐만 아니라 '나'의 진화에 따라 발전한다. '나'가 진화하다는 것은 세계를 전체적으로 알려는 지적 욕구나 호기심이 더 커진다는 의미이다. 학문은 피상적인 세계에 대한 진리탐구를 넘어 심층적 진리탐구를 향해 나아간다. 인류의 잠재된 세계 전체에 대한 지적 탐구성은 지성적으로 가장 진화될 때 발휘될 수 있다. 초기 인류는 우주 근원과 현상이 존재하고 현상은 근원에서 생성된 것이라는 세계에 대한 거시적이지만 단순한 지식을 형성했다. 지성이 가장 진화된 인류는 근원이 무엇으로 구성되어 있으며 그로부터 왜, 어떻게 다양한 현상이 생성되는지 구체적인 지식을 완성하게 될 것이다.

학문의 영역과 방법

세계는 자연과 인공으로 구성되어 있다. 자연은 스스로 상호관계성의 원리를 통해 연결되어 형성된 자연 지식이고, 인공은 인간이 상호관계성의 원리를 통해 연결하여 형성한 인공지식이다. 따라서 학문은 자연을 탐구하는 자연학과, 인공을 탐구하고 인문학으로 구분된다. 천문학, 천체학, 지구학, 생물학, 동물학, 식물학 등은 자연학에 속하고, 심리학, 철학, 종교학, 언어학, 정치학, 경제학 등은 인문학이다.

한편 자연과 인공 모두 다양한 현상과 이들이 생성되어 나오는 근원으로 구성되어 있어 근원 지식과 현상 지식으로 구분된다. 인문학은 인문 근원학과 인문 현상학으로, 자연학은 자연 근원학과 자연 현상학으로 구성된다. 근원학은 근원이 무엇으로 구성되어 있고, 그 구성요소들이 어떤 상호관계성의 진리를 통해 서로 연결되어 구조화되어 있으며 그로부터 어떻게 다양한 현상이 형성되는지를 탐구한다. 따라서 인문 근원학은 다양한 인공 현상이 생성되는 인간 내면의 인공 근원을 탐구하고, 자연 근원학은 다양한 자연 현상이 생성되는 우주의 자연 근원을 탐구한다. 현상학은 현상의 구성요소와 그들 사이의 상호관계성의 진리를 탐구하는 학문이다. 인문 현상학은 다양한 인공 현상에 대한 지식을 탐구하고, 자연 현상학은 다양한 자연 현상에 대한 지식을 탐구한다.

지식을 탐구하는 방법에는 두 가지가 있다. 하나는 눈, 귀, 코, 혀, 피부 등 오감을 통해 세계를 직접 경험함으로써 지식을 형성하는 경험적 사유의 방법이다. 다른 하나는 경험을 바탕으로 추론을 통해 지식을 형성하는 추론적 사유의 방법이다. 경험적 사유를 통해 진리를 탐구하는 학문 영역은 과학이고, 추론적 사유를 통해 진리를 탐구하는 학문 영역은 철학이다.

학문은 경험의 과학으로부터 시작되어 추론의 철학과 상호작용을 하며 세계에 대한 지식을 확장해가면서 발전한다. 먼저 세계를 경험하여 과학적 지식을 형성하고, 그 지식을 바탕으로 추론적 사유를 통해 경험하지 못한 영역이나 경험될 수 없는 영역에 대한 새로운 지식을 형성한다. 그렇게 형성된 철학적 지식은 경험적으로 직접 확인하거나 증거제시를 통해 과학적 지식으로 전환된다.

학문을 통해 형성한 지식은 사실 또는 이론이다. 사실이란 경험적으로 확인된 지식이다. 이론은 처음에는 사실이라고 믿지만 아직 검증되지 않은 철학적 지식이다. 이론이 사실로 인정받기 위해서는 경험을 통해 직접 확인하거나 그에 대한 증거들을 제시하는 과학적 검증을 필요로 한다. 과학 기술의 발전으로 경험의 폭이 넓어짐에 따라 점점 더 많은 철학적 지식이 참이나 거짓으로 판명되고 있다.

한편, 세계는 모두 연결되어 존재하기 때문에 경험할 수 없는 부분은 경험할 수 있는 부분을 통해 증명될 수 있다. 자연 근원에 대한 철학적 이론은 그로부터 생성되어 나온 경험 가능한 자연 현상을 통해 간접적으로 증명될 수 있다.

학문과 영재성

인간은 세계를 전체적으로 이해할 수 있도록 지적으로 조건화된 존재이다. 인간의 지적 호기심과 지능의 수준은 지적 진화에 따라 세 단계로 위계화되어 있다. 세계의 피상적 지식에 대한 지적 호기심과 그 지식을 내면화할 수 있는 능력이 가장 낮은 단계이다. 중간 단계는 세계의 심층적 지식에 대한 지적 호기심과 그 지식을 내면화할 수 있는 능력이다. 세계의 근원적 지식에 지적 호기심과 그 지식을 내면화할 수 있는 능력이 최고 수준이다.

인간은 기본적으로 세 단계의 지적 호기심과 지능을 지니고 태어난다. 그러나 개인에 따라 타고난 그 수준이 다르다. 수준이 낮을수록 주로 피상적인 세계의 다양성에 호기심을 보이고 피상적인 지식을 형성한다. 수준이 높을수록 피상적인 세계를 넘어 심층적이고 근원적인 세계에 대한 지식을 형성한다. 근원적 지식일수록 세계를 전체적으로 단순하게 이해할 수 있게 한다.

인간 최고의 지적 우수성은 영재성 (또는 천재성)으로 표현할 수 있다. 학문적 위계를 고려할 때, 영재성은 세계에 대한 전체적이고 단순한 근원적 지식을 형성하는 인간의 최고 학문성이다.* 영재성은 세계의 두 근원인 자연 근원과 인공 근원에 대한 지적 욕구나 호기심과 관련된다. 세계의 두 근원이 각각 무엇으로 구성되어 있으며 그로부터 어떻게 다양한 자연 만물이나 인공 만물이 나타나게 되는지에 대한 진리를 탐구하여 그 지식을 완성시킬 수 있는 능력을 의미한다.

영재성으로 인해 인류는 자신과 세계에 대해 바르게 이해할 수 있다. 자신을 알고 세계를 알면 어떻게 살아야 하는지의 길을 찾게 해 줄 수 있다. 그 길을 통해 인류는 무거운 지적 노역으로부터 자유로움을 찾고 내면의 안식을 얻을 수 있다.

오늘날 영재성은 학문의 위계가 고려되지 않고 이해되고 있다. 사고의 속도나 지적 산출물의 양 또는 복잡성, 효율성 등과 관련하여 영재성을 정의하고 있다. 학업이나 창의적 사고 영역, 발명이나 창조 또는 예술 창작 영역, 신체 동작이나 활동 영역 등 다양한 분야에서 뛰어난 업적이나 성취를 나타내는 사람들을 영재로 보고 있다. 이런 영역은 시대와 장소에 따라 더욱 분화되고 있어 영재도 계속 다양해지고 있다.

집착성은 영재 개념에 혼란을 가중시키고 있다. 집착성은 영재성과

---

* 위계적 상호관계성을 통해 구조화된 세계의 구조를 통해 내린 영재성에 대한 이런 정의는 본 저자의 논문 Song, K. H. Understanding Giftedness in a Cognitive Mechanism: A Candidate for a Universally Agreed Definition of Giftedness (영재교육연구, 2009)에 소개되었다.

별개이다. 집착은 동기차원에서 중요한 개념으로 진리탐구에 몰입하여 빠르고 정교하게 지식을 형성하게 한다. 지식을 진화시키고 조작적 지식이나 추상적인 지식을 형성하여 문명 발달을 가속화하는 데 크게 기여한다. 영재를 올바르게 판단하기 위해서는 업적이 집착에 기인한 것인지, 아니면 영재성에 의한 것인지 판단해야 한다. 오늘날 새로운 지식이 폭발적으로 양산되고 지식과 문명의 진화가 급속하게 이루어져 사회를 위기로 몰아가고 있는 것은 영재성이 아니라 집착에 의한 것이다.

21세기 학문의 선택

인간의 진리추구의 본성에도 불구하고 세계의 진리를 다 알 수는 없다. 진리에 집착하여 끝없이 탐구한다면 정신적인 평온을 잃게 된다. 무한한 진리 속에서 인간에게 가장 중요한 가치와 그 가치를 유지하는 데 필요한 진리가 있다는 사실을 깨닫는 것이 중요하다.

건강한 학문은 건강한 마음에서 비롯될 수 있다. 건강한 마음은 세계의 무한한 진리에 열려있지만 그에 대한 집착이 없고 인간에게 가장 중요한 가치를 지킬 수 있게 해주는 진리를 깨닫게 한다.

높은 지능으로 건강하게 학문을 하지 않는다면 아예 하지 않은 것만 못할 수 있다. 시기 부적절한 진리탐구로 오히려 인류에게 해악을 끼칠 수 있다. 건강하게 학문을 한다는 것은 인간 자신에게 가장 중요한 진리를 먼저 탐구하고 적시에 필요한 지식을 탐구하여 인류 전체에 이로움을 제공하는 것이다.

학문은 궁극적으로 건강한 인간과 사회를 위해 행하는 지적 활동이어야 한다. 오늘날 현상에 대한 집착으로 학문은 궁극적인 목적과 방향을 상실한 채 인간과 사회를 위태롭게 이끌고 있다. 이 중심에 대학(大學)이 있다. 오늘의 대학은 현상의 끝없는 부분적인 진리를 탐구하여 무분별한 지식을 제공해 줌으로써 지구를 삼킬 듯 높이 타오르고 있는 거대한 물질문명의 불꽃에 기름을 붓는 역할을 하고 있다.

21세기 대학은 인류가 직면한 사회적 갈등과 생존 위기를 극복하는 데 필요한 진리를 탐구해야 한다. 우선 인간에게 가장 중요한 가치가 무엇이고, 그 가치를 잃지 않고 살 수 있는 길은 무엇이며, 왜 오늘과 같은 위기에 직면하게 되었는지를 탐구해야 한다. 그리고 오늘의 위기를 극복하고 질서 있고 평온하게 지속가능한 삶을 이어갈 수 있는 길을 인류에게 제시해 주어야 한다.

중앙응집기능*

인간이 가장 중요한 가치와 진리의 위계질서가 있음을 깨닫는 일은 세계를 전체적으로 있는 그대로 봄으로써 가능하다. 이런 인지 경향 또한 건강한 마음의 특징이다. 건강한 마음일수록 부분에 오래 머무르

* 중앙응집기능(central coherence)은 자폐스펙트럼장애의 인지적 원인으로 제기되고 있다. 자폐장애를 지니면 전체보다 부분에 집착하는 인지 특성을 보인다. 비장애 아동들은 그림을 그릴 때 전체 윤곽을 먼저 그리지만 자폐스펙트럼장애 아동들은 특정 부분부터 그리기 시작하는 경향을 보인다는 연구결과도 있다.

지 않고 흐르는 물처럼 자유롭게 다른 것으로 계속 옮겨가 전체에 이른다. 필요에 따라 의식적으로 행한 경우를 제외하고 세계를 세분화하여 보지 않고 큰 전체를 향하여 나아간다. 건강한 마음일수록 단순하고 복잡함이 없어 상위의 거시 개념들을 서로 연결하여 '중앙응집(central coherence)'을 보여준다. 숲을 먼저 보고 다음으로 나무를 보는 탑다운(top-down)의 인지방식이다. 그러나 건강하지 않는 정신을 가진 사람들은 사물이나 상황을 전체적으로 보지 않고 부분만 보는 경향을 보이며 따라서 전체와 부분의 관련성을 잘 이해하지 못한다.

대학

최초로 대학이라는 것이 생겼다. 어떻게 살아야 하는가의 인간의 길을 찾기 위한 진리탐구의 전당이란다. 백성들이 땀을 뻘뻘 흘리며 대학 건물을 지었다. 그들은 대학에 근무하는 학자들의 밥과 옷과 집을 마련하기 위해서도 땀을 뻘뻘 흘렸다. "우리는 일자무식이니 영리하고 훌륭하신 분들이 제발 인생을 어떻게 살아야 하는지를 연구하여 알려 주십시오. 저희들은 학자님들만 믿고 열심히 일해서 편하게 연구할 수 있도록 뒷바라지를 하겠습니다."

대학에서 진리를 탐구하는 대부분의 학자들은 언어를 다루는 능력이 뛰어났다. 책도 많이 읽고 말도 잘하며 글도 잘 썼다. 백성들이 논밭에서 땀 흘리며 일하는 사이 그들은 시원하고 깨끗한 곳에서 열심히 진리를 탐구했다. 그들의 말이 쌓이기 시작했다. 그 말을 쌓아 둘 장소가 필요했다. 백성들이 또 땀을 뻘뻘 흘리며 그 지식을 쌓아 둘 창고(도서관)를 지었다. 그리고 그 안에 학자들이 지은 말들을 차곡차곡 쌓았다.

그리고 학자들이 말했다. "이제 우리가 많은 진리를 찾아 쌓아 두었으니 이 귀한 지식을 무지한 백성들에게 가르치시오." 이제 그 지식을 가르칠 학교가 필요했고 그 지식을 배워 가르칠 선생이 필요했다. 다시 백성들이 땀을 뻘뻘 흘리며 학자들이 지어 놓은 지식을 배울 학교 건물을 지었다. 그리고 집으로 돌아가 학교 선생님들에게 쌀과 옷과 집을 지어 바치기 위해 또 열심히 땀을 흘렸다. "선생님들 저희 자식에게 그 귀중한 말들을 잘 가르쳐 주세요. 저희는 선생님만 믿고 열심히 일해서 선생님들 뒷바라지를 하겠습니다."

세월이 흘렀다. 학자들은 말 위에 말을 쌓고 또 그 말 위에 또 말을 쌓아 말의 탑이 하늘 높이 올라갔다. 말의 창고에도 말들이 계속 쌓였다. 보관할 창고가 부족해 백성들은 계속해서 창고를 지었다. 말을 더 높이 쌓느라 학자들은 여념이 없었고 그 지식을 가르치는 학교의 선생들과 학생들도 계속 바빠졌다. 시간이 흐를수록 가르쳐야 할 말이 더 많아졌다.

세월이 또 흘렀다. 대학의 말 창고는 하늘 높은 줄 모르고 올라갔으며 말을 배우는 학교 건물과 선생님들 수도 계속 불어났다. 나라 전체가 말을 짓고 배우는 열풍으로 휩싸였다. 그러자 그 모든 것을 뒷바라지 하는 백성들의 생활은 점점 더 힘들어져 갔다. 늘어나는 대학 창고 지으랴 학교 건물 지으랴, 학자 먹여 살리랴 학교 선생 먹여 살리랴, 자식 먹여 살리랴, 자식 공부시키랴 한시도 쉴 틈이 없어졌다.

한편 대학의 학자들은 열심히 말을 지어 쌓았지만 그 끝이 보이지 않았다. 열심히 진리를 찾았지만 어떻게 살아야 하는지 그 진리를 발견하지 못했고 백성들에게도 그 길을 말해 줄 수가 없었다. 마침내 지친 백성들이 참다못해 물었다. "어떻게 살아야 합니까?" 학자들이 말했다. "우리는 열심히 찾고 또 찾았습니다. 그러나 그 진리를 어디에서도 찾을 수 없었습니다. 그 진리는 없습니다. 자신이 진리라고 생각하면 됩니다. 저도 진리요 당신도 진리입니다. 당신의 생각은 진리의 생각이고 당신의 말은 진리의 말입니다. 따라서 각자 자신의 뜻대로 생각대로 살면 됩니다. 그러면 모두 행복할 것입니다.

마침내 학자들은 어떻게 살아야 하는가를 알려 주는 진리의 탐구에서 해방되었다. 서로 흩어진 후 일부는 무한한 자연현상을 향해 나아가 그 진리를 찾기 시작했다. 식물, 동물, 광물, 천체, 지구, 별, 태양, 우주, ... 또 일부는 자신의 지식을 창조하기 시작했다. 더 좋은 것과 다양한 것을 먹고 싶은가? 그렇다면 그것을 연구하여 만들자. 더 재미있고 싶은가? 그렇다면 그것을 연구하고 만들자. 더 편해지고 싶은가 그렇다면 그것을 연구하고 만들자." 그들은 또 말 했다. "소설을 좋아 하는가 그러면 소설을 즐기고 배우고 새로운 소설을 쓰자. 수학을 좋아 하는가 그러면 수학을 즐기고 배우고 수학지식을 쌓자. 노래를 좋아 하는가 그러면 노래를 즐기고 배우고 새로운 음악을 만들자. 그림을 좋아 하는가 그러면 그림을 즐기고 배우고 새로운 그림을 그리자. 운동을 좋아 하는가 그러면 운동을 즐기고 배우고 새로운 운동을 창조하자. 춤을 좋아

하는가 그러면 춤을 즐기고 배우고 새로운 춤을 창조하자. 끝없이 꿈꾸고 도전하라. 그것이 곧 행복으로 가는 길이다.

[출처: 블로그(https://blog.naver.com/songshat)]학문, 대학

브라만과 연금술사

세계 IT산업의 중심지인 미국의 실리콘밸리에는 세 종류의 인간이 있다고 한다. 맨 밑바닥에는 넥타이 매고 정장 입은 부류, 그 위 단계에는 반바지 입고 티셔츠 입은 부류, 마지막 꼭대기 층에는 '스컹크 군단'이 포진하고 있다는 것이다.

한국의 삼성과 하이닉스 직원들은 넥타이를 매고 실리콘 밸리를 출입한다. 메모리반도체 분야이기 때문이다. 메모리 반도체는 IT 산업의 '노가다'에 해당된다. 열심히 성실하게 잠 안 자면서 몸으로 때우는 분야라는 것이다. 반바지는 누구인가? 컴퓨터의 중앙처리장치(CPU)를 만드는 인텔이나 퀄컴의 직원들은 자유롭게 티셔츠에 반바지를 입고 일을 한다. 반도체 분야보다는 중앙처리장치 만드는 인력들이 한 차원 높다. 높다는 것은 뭐로 아는가. 자유롭고 창의적인가를 보고 안다. 일단 외모와 복장에서 그게 나타난다.

반바지보다 한 직급 더 높은 차원이 스컹크다. 스컹크는 방귀 냄새가 독한 동물이다. 이 스컹크 족은 몸에서 고약한 냄새가 많이 난다고 해서 붙여진 이름이다. 목욕을 않하기 때문이다. 밤낮으로 연구에 몰두한 탓에 목욕도 하지 않고 자기 몸에서 나는 냄새에도 초연하다. 외

모도 제멋대로다. 거의 1960~70년대 히피 같은 옷차림에 머리 색깔도 형형색색으로 물들이고, 염소수염을 기른 경우가 많다. 기존 관습이나 규칙에 전혀 얽매이지 않는다. 스티브 잡스도 스컹크 군단의 맏형격에 해당되었던 인물이었다. 구글, 애플, 오러클 같은 컴퓨터의 소프트웨어를 만드는 천재들이 이 스컹크 군단을 이루고 있다. 인천공항에서 표 끊어주고 짐 나르고 청소하는 근로자들이 반도체 분야라고 한다면, 인텔이나 퀄컴은 공항의 관제탑에 해당한다. 스컹크는 인천공항 전체가 톱니바퀴처럼 척척 돌아가게 만드는 시스템을 만드는 역할을 한다.

문제는 이 스컹크 군단에 세계의 천재들이 모여 있다는 점이다. 마치 인도의 브라만처럼 우주의 시작과 끝, 생과 사, 시간과 공간의 제약에 대한 깊은 명상을 한다. 중세의 연금술사부터 천체물리학, 진화생물학도 모여 있고, 한자문화권의 선(禪), 주역 64괘와 음양오행, 풍수도 연구한다. 실리콘밸리에 세계의 괴물들이 모여 있다.

[출처: 조선일보] 브라만과 鍊金術師

5. 교육

진화와 교육

교육은 교육자가 피교육자에게 필요한 지식이나 기술이나 행위 등을 전달하고 피교육자는 그것을 배우는 과정이다. 교육은 '믿음'이라는 중요한 전제조건 하에서 가능할 수 있다. 믿음에는 피교육자에게 필요한 지식, 기술, 행위 등 교육 내용에 대한 것과 교육자에 대한 것이다. 전자는 교육 내용이 참이고 피교육자에게 이롭거나 필요하다고 믿는 것이다. 후자는 교육자의 자격에 대한 믿음이다.

교육에 대한 믿음은 사회적 권위를 바탕으로 성립된다. 인간은 본성적으로 지식을 추구하는 지성적인 존재이기 때문에 지적으로 탁월한 사람이 사회적 권위를 인정받아 교육 내용을 선정하고 교육하는 것은 당연하다.

교육은 학문과 비슷한 진화의 역사를 걷는다. 학문처럼 교육 또한 역사 초기부터 자연스럽게 이루어졌다. 초기 인류의 지적 능력은 지금보다 낮았으나 내면장애가 없어 자유로운 마음으로 생명과 건강을 유지하는데 필요한 지식 중심으로 교육이 이루어졌다. 교육은 주로 일상생활에서 이루어졌다. 교육자는 삶의 경험이 많은 연장자이고 모두 교육자인 동시에 피교육자로서 사회 전체가 하나의 교육 공동체였다.

인지공간의 과진화에 의한 내면장애로 현상에 집착하고 내적 사고가 강화되자 교육에서도 사회적 병리현상이 나타났다. 생명과 건강 유지에 필요한 지식이나 기술에 대한 교육을 넘어서 세분화된 다양한 지식을 과도하게 교육했다. 학문과 기술이 발전함에 따라 교육도 양적으로 팽창하면서 교육에 대한 압력은 계속 증가하고 있다. 오늘날 교육은 지나친 내적 사고의 번뇌를 야기하여 인지공간 과진화의 큰 원인이 되고 있다.

학습형과 창의형

교육은 언어를 통하거나 체험을 통해 이루어진다. 언어를 통한 교육은 말이나 문자를 통한 간접교육이다. 체험을 통한 교육은 스스로 경험하는 직접 교육이다.

개인에 따라 교육 방법에 대한 선호는 다르다. 지식을 있는 그대로 학습하여 내면화하려는 사람이 있고, 새로운 지식을 창조하여 외현화하려는 성향이 강한 사람이 있다. 전자는 말로써 지식을 전달받거나 책을 통해 지식을 습득하는 학습을 선호한다. 후자는 자신이 내면에서 새로운 지식을 창조하는 것을 선호한다. 전자의 경우를 수용적이고 수동적인 교육이라 한다면, 후자는 주체적이고 능동적인 교육이다. 전자를 학습형, 후자를 창의형으로 구분할 수 있다.

일반적으로 학습형은 언어가 발달하여 일찍부터 언어를 통한 학습이 용이하다. 학교에서 뛰어난 학업 성취를 보이고 학력위주의 선발이 이루어지는 사회에서 자신이 원하는 직업을 찾기 쉽다. 정치인, 경제인, 학자, 판사, 변호사, 의사 등 사회적으로 성공 가능성이 높은 분야로 진출에 유리하다. 하지만 교육에 대해 무비판적으로 교육을 수용하고, 지식을 사회 적응이나 성공이라는 목적을 달성하기 위한 실용적 가치로 인식한다. 지식 자체에 대한 관심은 낮을 수 있다.

창의형은 언어 능력이 약하여 언어를 통한 학습 속도가 느리다. 학습의 양이 제한적이고 학교생활에서 학업 부진의 어려움을 겪을 수 있다. 그러나 학교를 졸업한 후 사회에 진출하여 뒤늦게 성공을 거두는 대기만

성형이 될 수 있다. 창의형은 지식 자체에 대한 순수한 호기심이 많고 주체적이고 비판적이다. 지식을 스스로 발견하고 창조하는 영역에서 뛰어난 자질을 보여 과학이나 예술 분야의 전문가 등 순수한 지식 탐구자로 성장할 수 있다.

교육은 지적활동이므로 언어를 통한 학습이나 체험을 통한 창의활동에 모두 지능이 개입된다. 지능이 높을수록 학습 성향이나 창의 성향은 더 높게 나타난다. 그러나 지능이 높은 것만으로 반드시 교육적 성취가 높은 것은 아니며, 지능이 높지 않다고 해서 교육적 성취가 떨어지는 것도 아니다.

교육의 성취도에 결정적으로 영향을 미치는 것은 인지공간이다. 인지공간이 크면 클수록 그 안에서 자극을 더 빠르고 복잡하게 처리함으로써 지식을 빨리 형성할 수 있다. 큰 인지공간은 학습성이나 창의성을 높게 발휘할 수 있게 해주는 기반이다. 인지공간 중 청각 인지공간이 크면 언어적 학습성이 강하고, 시각 인지공간이 크면 체험적 창의성이 강하다.

학습성이나 창의성이 강하게 나타난다는 것은 내면장애가 심할 수 있다는 의미이다. 강한 학습성과 창의성은 부적절한 인지현상들로 나타날 수 있다. 학습하거나 창조한 지식은 실제 세계를 바라보고 느끼고 인식하는 틀로 작용한다. 지식이 많을수록 그 틀을 통해 보려 하기 때문에 외부 세계에 대한 새로운 지식 형성을 제약하고 조작하거나 왜곡한다. 또 학습성과 창의성이 강할수록 지식의 현학성이나 미학에 과도한 의미를 부여한다. 지식의 홍수 속에서 경중의 분별력이 약해지고 내면의 혼란에 빠질 수 있다.

21세기 교육의 선택

오늘날 인류는 지식 만능으로 학습 만능의 시대에 살고 있다. 태어나서 죽을 때까지 쉼 없이 교육하고 학습한다. 그로 인해 인지공간에 대한 진화적 압력이 과도하게 발생하고 내면장애가 심화되고 있다.

교육은 건강을 되찾아야 한다. 교육 내용을 제한하여 학생들로 하여금 과도한 학습에서 벗어나게 하고, 가능한 내적 사고의 번뇌로부터 자유로운 교육이 이루어져야 한다. 이를 위해 두 가지 차원의 교육이 필요하다. 하나는 시대와 장소를 막론하고 인간이면 누구에게나 공통으로 가르쳐야 하는 시대 초월 교육이다. 여기에는 세 가지 내용을 포함한다. 하나는 세계가 무엇으로 구성되어 있고, 그들이 어떻게 연결되어 변화하는가에 대한 세계 교육이다. 또 하나는 세계 속에 사는 인간에게 가장 중요한 가치이자 삶의 목적은 무엇인지에 대한 가치관 및 삶의 목적 교육이다. 마지막은 어떻게 살 것인가에 대한 삶의 방법에 대한 교육이다.

한편, 다른 차원의 교육은 특정 시대와 장소에 따라 요구되는 시대 교육이다. 시대 교육도 세 가지로 구성된다. 하나는 시대나 장소에 처한 인류의 건강과 건강회복을 위한 건강교육이다. 또 하나는 시대나 장소에 맞는 환경에 대한 교육과 환경의 건강회복을 위한 교육이다. 마지막은 문명 교육이다. 시대나 장소에 따라 생명 안전과 건강을 유지하거나 회복하기 위한 문명을 창조하거나 활용하는 데 필요한 지식과 기술을 교육하고 배워야 한다.

6. 예술

진화와 예술

예술은 그림, 노래, 시와 소설, 영화, 조각, 공예 등의 다양한 작품 활동을 통해 내면의 느낌이나 감정을 표현하는 행위이다. 자극을 상호관계성을 통해 연결하여 창조적으로 구조화하는 지적 활동이다. 예술의 목적은 감정 표현에 있다.

예술은 시각, 청각, 후각, 미각, 촉각 등 다섯 가지 감각 자극을 통해서 표현된다. 자극이 독립적으로 사용될 수도 있고 서로 통합될 수도 있다. 그림, 조각, 공예, 춤, 스포츠 등은 주로 시각적 자극을 통해 이루어지는 예술이다. 피아노, 바이올린, 피리 등 각종 악기를 통한 예술은 주로 청각적 자극을 이용하여 표현한다. 시, 소설, 영화 등은 통합된 자극인 언어로 표현된다. 언어는 시각 자극과 청각 자극을 통합된 복합적인 자극이다. 언어 중 구어는 실물(시각 자극)과 음성(청각 자극)이 서로 연결된 지적 구조물이다. 문어는 실물(시각 자극), 음성(청각 자극), 글자(시각 자극)가 서로 연결되어 구조화된 지식이다. 영화, 노래, 요리 등은 다수의 자극이 복잡하게 통합된 예술이다. 영화는 화면(시각 자극), 언어(시각-청각 복합 자극), 효과음(청각 자극) 등으로 구조화된다. 노래는 가사(시각-청각 복합 자극)과 멜로디(청각 자극) 등으로 통합된 예술이다.

인류 초기에는 예술이 존재하지 않았다. 초기 인류는 본성에 따라 자극을 감각하고 그에 대해 느낌이나 감정이 있었지만 인지공간이 작아 집착이 생기지 않았기 때문이다. 느낌이나 감정은 눈빛, 표정, 몸짓, 목소리 등을 통해 자연스럽게 표현된 후 기억에서 멀어져 더 이상의 표현으로 이어지지 않았다.

예술은 물리적 자극과 정서적 자극에 대한 집착의 산물이다. 과진화에 따른 인지공간장애로 자극에 대한 감각이 예민해지고 그에 대한 느낌이나 감정의 기억이 강하게 형성되었다. 느낌과 감정에 대한 집착을 인위적인 방식으로 표현하게 되었다.

인지공간과 '나'가 진화함에 따라 예술도 진화해 간다. 인지공간이 커지면서 감각 예민성, 부분성, 조작성이 강화되고, 예술은 더욱 감각적이고 복잡하고 추상적이고 주관적인 방향으로 진화한다. '나'의 성장에 따라 자극을 통해 감정을 표현하는 피상적인 단계에서 감정 자체를 표현하는 심층적인 단계로 성장한다. 마지막으로 최고로 성장한 '나'는 자신을 직접 표현하는 근원 예술로 진화한다.

예술가의 조건

예술성이 발현되기 위해서는 조건이 필요하다. 기본적인 조건은 감정표현을 위한 강한 동기다. 내면의 감정을 밖으로 표출하려는 욕구가 강하지 않다면 예술적 행위는 일어나지 않는다. 즐거움, 기쁨, 슬픔, 불안, 초조, 우울, 분노 등의 긍정 또는 부정의 감정에 대한 기억이 강할수록 표현에 대한 욕구가 강해진다. 강한 기억으로부터 자유로워지고 싶은 욕구가 강해질 때 예술적 동기가 유발된다. 기쁨이나 슬픔의 감정을 경험하면 감정의 기억에서 벗어나지 못하고 집착하게 되는 정서적 취약성이 클수록 예술성이 강하게 나타난다. 역으로 감정적 경험의 기억에서 쉽게 벗어나는 사람은 예술성이 강하게 나타날 수 없다. 많은 감정을 경험해도 집착이 없으면 감정을 밖으로 표출하려는 욕구가 발생하지 않는다.

기쁨, 슬픔, 우울, 분노, 초조, 불안 등과 같은 감정은 물리적 자극에 대한 감각이나 인식을 통해서 형성된다. 무더운 여름날 시원한 바람이 불어올 때 바람을 느끼면 기분이 좋아진다. 길을 가다 노인이 끄는 무거운 짐수레를 어린 소년이 밀어주는 장면을 보면 마음이 흐뭇하다. 인간의 감정은 물리적 자극에 대한 감각적 사고를 통해 형성되는 지적 산물이다.

뛰어난 예술성을 위해서는 우수한 표현 능력 또한 필요하다. 감정을 표현하려는 강한 예술적 동기가 있다하더라도 잘 표현할 수 있는 능력이 없다면 그 욕구를 표출하거나 전달할 수 없다. 예술적 표현 능력은 자극의 감각과 기억을 바탕으로 이루어진다. 물리적 자극에 대한 감각의 예민성이 낮거나 기억이 약하면 감정을 잘 형성할 수 없고 표현할 수도 없다.

뛰어난 내면 집중과 내적 사고기능도 예술성 발휘를 위해 필요하다.

내면에서 자극을 선명하게 감각하고 그 안에서 오래 머물며 있는 그대로 또는 조작적으로 사고하지 못하면 감각적 지식을 잘 형성하지 못하여 잘 표출낼 수 없다.

예술에는 지능이 필수적으로 개입한다. 그러나 학문과 달리 예술활동에 반드시 높은 수준의 지능이 요구되는 것은 아니다. 예술은 감각 자극을 통해 감정을 표현하는 것이 주된 목적이고, 학문은 지식 형성을 위한 상호관계성의 원리라는 지적 자극을 찾는 것이 목적이다. 학문에 비해 예술에는 심오한 상호관계성의 원리가 포함되지 않는다. 자연 만물은 무엇으로부터 어떻게 생겨났는가의 진리를 표현하기 위해 음악, 미술, 스포츠 등의 예술을 하는 경우는 드물다. 복잡한 내용을 표현할 수 있는 소설이나 영화 같은 예술 작품들도 순수하게 고도의 진리탐구를 목적으로 시도하는 일은 극히 드물다. 그런 목적을 가지고 있는 사람은 예술이 아닌 학문을 선택할 가능성이 높다. 역사적으로 학문과 예술의 지적 수준을 차등해서 보기도 했다. 지혜와 이성을 높이 숭상하던 시대에는 감각위주의 예술활동을 천대했다. 현대에도 예술을 과학, 철학 등의 분야와 구별하여 단순한 재능으로 보는 경향이 있다.

그러나 예술과 학업 우수성을 놓고 그 우위를 논하기는 쉽지 않다. 뛰어난 언어 능력과 기억력은 높은 예술적 성취를 위한 자질인 동시에 우수한 학업 성취의 요건에 해당한다. 뛰어난 문학적 창작 능력을 발휘하는 학생들 중에는 높은 학업 성취도를 보이기도 하고, 학업이 우수한 학생 중에는 예술적 자질이 뛰어난 경우도 있다. 일부 심리학 전통에서는 언어, 수학 등의 학업 능력과 음악, 미술 등의 예술적 능력에 차등을 두지 않는다.* 말을 잘 하거나 글을 잘 쓰거나 노래를 잘 부르거나 악기를 잘 연주하거나 그림을 잘 그리는 예술활동들은 모두 동등한 지적 활동이다.

뛰어난 예술성 발현의 이면에는 과진화에 따른 큰 인지공간이 있다. 또 인지공간의 상황에 따라 예술의 분야가 달라질 수 있다. 청각 인지공간은 크고 시각 인지공간이 작으면, 청각 자극에 대한 기억이 강하고 장시간 내면에 집중하여 청각적 사고와 창의적인 활동을 할 수 있다. 그러나 시각 자극에 대한 기억이 약해 시각적 사고나 시각적 표현이 어려울 수 있다. 따라서 청각기능이 크게 요구되는 예술 분야에서는 높은 능력을 발휘하지만 상대적으로 시각 예술분야(예, 그림그리기, 공예, 춤추기, 스포츠 등)에서는 능력을 발휘하기 어렵다.

뛰어난 예술성 발현을 위한 이와 같은 조건은 내면 장애의 증상들이다. 예술적 천재들 중에는 성격이 원만하지 못하거나 사회적 소통이 부족한 경우가 적지 않다. 우울증이나 조울증, 혹은 조현병(정신분열증) 등 정신적인 문제도 종종 발견된다. 정도의 차이가 있을 뿐 이런 내면 장애 증상들은 예술가들 사이에서 흔한 편이다.

21세기 예술의 선택

오늘날 예술 또한 고도로 발전되었다. 예술은 특정 개인이나 집단에 한정되지 않고 대중적으로 확산되어 그 관심과 수요가 급속히 증가하고

* 이와 관련해서는 다중지능이론(Multiple Intelligence)으로 널리 알려진 Howard Gardner의 저서들을 참고할 수 있다.

있다. 지구촌 사회 곳곳에서 크고 작은 예술활동이 행해지고 있어 수많은 관객이 그를 쫓아 동분서주한다. 다양한 예술 작품과 활동이 대량으로 생산되고 유통되면서 경제와 결탁하여 부의 축적 수단으로 변질되기도 한다.

정서 자극에 얽매여 그로부터 자유로워지기 위해 이루어지는 예술활동은 감각적이고 자극에 집착하는 경향이 있다. 집착은 더욱 새롭고 자극적인 표현을 요구하는 악순환으로 이어진다. 예술이 감정적 욕구 충족의 수단으로 과도하게 사용되면서 예술 중독 현상이 발생한다.

한편, 예술 활동은 내면의 혼란을 개선하는 치유의 효과를 줄 수 있다. 활동 자체에 집중함으로써 분열된 주의와 의식이 모아져 내면이 질서를 찾고 평온해진다. 그러나 그 효과는 활동 중에만 일시적으로 나타날 뿐만 아니라 새로운 집착을 유발한다. 예술 활동에 과도하게 몰입하여 몽환적 의식을 갖게 되고, 예술 없이는 살 수 없는 고착적인 삶을 초래할 수 있다.

오늘날 예술이 이런 방향으로 전개되는 것은 내면장애로 인해 예술성이 강해서 나타나기 때문이다. 소설, 영화, 음악, 미술 등과 같이 장시간 강도 높은 내적 주의집중과 내적 사고를 통해 이루어지는 복잡한 예술활동은 인지공간의 진화를 적극적으로 유도한다. 내면의 휴식이 줄어들고 평범한 일상으로부터 단절된다. 현실에 대한 적응과 상호소통이 부족하고 제한적이거나 고립적인 삶을 살게 된다. 다양한 예술활동 및 작품에 접근할 수 있는 환경은 감성을 활성화시키는 반면 이성적 사고를 방해하여 내면의 혼란을 심화시킬 수 있다. 따라서 오늘의 진화의 위치를 바르게 인식하고 더 부정적인 방향으로 진화하지 않도록 절제된 예술활동이 요구된다.

헤르만 헷세의 사랑

찬란하고 심오한 사색적 문학을 남긴 헷세는 그 이미지와는 매우 다른 '나쁜 남자'였다. 헷세는 비범한 재능과 열정을 지닌 작가이지만 그만큼 광적인 예민함과 역마살을 지녔다고 한다. 그는 9살 연상, 20살 연하 등의 여인과 3번을 결혼했으며 2번을 이혼했으며, 집에서는 늘 병약하고 우울했으며 가족과 생계에는 별 관심이 없고 쉬지 않고 먼 곳으로 떠나곤 했다고 한다. 그는 혼자서 가정을 꾸려나가고 아이들을 양육하면서 남편의 비위를 맞추려고 애를 쓰다가 신경쇠약과 우울증을 앓게 된, 남편의 재능만 믿고 결혼한 9살 연상의 첫 번째 부인 마리아와의 이혼 사유를 마리아의 정신병 탓으로 돌렸다고 한다. 인간에게 가장 중요한 삶의 현실이 아닌 생각 속에서 빛나는 찬란한 말의 향연이 아름다운 문학성을 지닌 것이다.

[출처: 중앙일보] 책 소개, 헤르만 헷세의 사랑

세계에서 가장 비싼 그림 톱 10

폴 세잔(Paul Cezanne)의 '카드놀이 하는 사람들'이 2억 5천 8백만 달러(한화 2천 8백 50억원)로 1위이며, 젝슨 폴락(Jackson Pollock)의 'No. 5'가 1억 4천만 달러로 2위, 윌렘 드 쿠닝(Willem de Kooning)의

'Women III'가 1억 3천 7백 5십만 달러로 3위, 구스타프 클림트(Gustav Klimpt)의 '아델레 블로흐 바우어 초상 II' 등의 순이었다. 그림들 중 세잔의 '카드놀이 하는 사람들', 피카소의 '파이프를 든 소년', 그리고 모네의 '수련'은 사실적인 그림이었고 나머지 일곱 그림들은 모두 내면의 세계를 그린 그림이다. 국내에서도 박수근의 '시장의 사람들'은 25억원, 김환기의 '항아리'는 12억 5,000만원, 그리고 이중섭의 '통영앞바다'가 9억 9,000만원으로 거래된 것으로 보도 되었다.

[출처: 영국일간지 데일리 스타] 세계에서 가장 비싼 그림 톱 10

세계에서 가장 많은 연봉을 지출하는 프로구단 순위

(스포팅인텔리전스 집계 · 선수 1인당)

1. 맨체스터 시티(잉글랜드 프로축구 · 805만 9,477 달러)
2. 로스앤젤레스 다저스(MLB · 746만 8,882 달러)
3. 레알 마드리드(스페인 프로축구 · 725만 7,216 달러)
4. 바르셀로나(스페인 프로축구 · 721만 4,545 달러)
5. 뉴욕 양키스(MLB · 715만 1,109 달러)
6. AC밀란(이탈리아 프로축구 · 653만 8,811 달러)
7. 로스앤젤레스 레이커스(미국프로농구(NBA) · 629만 2,403 달러)
8. 첼시(잉글랜드 프로축구 · 624만 2,919 달러)
9. 바이에른 뮌헨(독일 프로축구 · 615만 2,622 달러)
10. 인터 밀란(이탈리아 프로축구 · 615만 2,566 달러)

11. 필라델피아 필리스(MLB · 612만 5,397 달러)

12. 맨체스터 유나이티드(잉글랜드 프로축구 · 603만 2,572 달러)

[출처: 경향신문] 선수 몸값 세계에서 제일 비싼 구단은 '맨시티'

5장

치료와 치유의 길

그리스의 철학자가 말한 '너 자신을 알라'는 인간의 무지를 일깨우는 말이다. 이후로도 '나는 누구인가'의 문제는 인문학의 최대 화두 중 하나다. 오늘날 인문학은, 남들이 하는 대로 따라 하거나 사회나 역사가 정해 놓은 길을 따라가는 것이 아니라, 자신의 독창적인 길을 따라 살 때 진정한 행복을 얻을 수 있다고 한다. 이런 담론은 사고와 생활방식이 각자 다른 우리에게 희망과 힐링의 메시지일 수 있다. 그러나 알아야 할 자신은 400만년 동안 진화를 통해 변화되고 분열된 현재의 자신이 아니라 되찾아야 할 진정한 자신이어야 한다. 인간이 어떻게 분열되어 서로 달라졌는지를 알아야 한다. 자신에 대해 알아야 하는 것은 내면이 얼마나 건강한가를 아는 것이다.

오늘날 우리는 진화에 대한 무지, 자신에 대한 무지로 인해 스스로 속을 수 있다. 건강하지 못한 마음에 속거나 그에 너무 익숙해 내면 치유의 필요성을 간과할 수 있다. 즐거움, 기쁨, 쾌락 등에 중독되어 다양한 감각적 활동이나 지적 활동에 머물고 싶어 한다. 무공의 평온한 내면 상태를 견디기 힘들어 한다. 그러나 완전한 건강 상태를 벗어나는 순간 우리는 이미 다양한 내면장애나 질환 상태에 처하게 된다.

내면의 치료나 치유에 대한 문제는 사람마다 다양하게 다가올 수 있다. 내면의 건강문제가 심각할수록 그 치유에 더 민감할 수 있는 한편, 비교적 건강한 사람은 외면하기가 쉽다. 어떤 내면 상태가 건강한지, 자신의 내면은 어떤지, 그리고 내면은 왜, 어떻게 건강을 잃게 되었는지 등에 대해 아예 관심을 갖지 않을 수도 있다. 아직은 스스로를 통제할 수 있고, 삶의 현실에서 큰 어려움이 없으며, 건강하지 못한 내면 덕분에 오히려 사회적인 성공을 거둔 사람이라면 더욱 무관심 할 것이다.

현대는 내면의 치료 및 치유의 시대가 되어야 한다. 시대와 장소를 막론하고 인간이면 누구나 자신의 내면 건강보다 더 중요한 것은 없으며 그 건강은 정도 차이가 있을 뿐임을 알아야 한다. 더구나 내면은 일생을 통해 변화할 수 있고 유전자를 통해 다음세대에 전달되고 진화할 수 있다. 비록 지금 우리의 내면이 아직 건강할 지라도 그대로 방치하게 되면 내 생애는 물론 후손들에게 고통을 안길 수 있다.

치료나 치유를 향한 본인의 결단이 중요하다. 내면을 치유한다는 것은 현재의 자신을 새로운 사람으로 바꾸는 일이다. 운명을 바꾸는 과정이고 하루아침에 이루어질 수 있는 일이 아니다. 어떤 사람에게는 평생에 걸쳐 이루어질 수 있는 기나긴 과정일 수도 있다. 건강한 내면이 가져다주는 진정한 행복을 몸소 경험하기 전까지는 강한 믿음과 인내가 필요하다.

내면의 치유에 무엇보다 중요한 것은 개인의 건강 수준과 특성에 맞는 치료나 치유의 방법을 찾는 것이다. 당장 병원에 입원하여 치료를 해야 할 정도인 사람도 있다. 삶의 현실을 떠나 자연에서 생활하거나 성직자로서의 삶을 선택하거나, 종교 활동이나 수행 등을 통해 내면을 치유할 수 있는 사람도 있다. 자신의 내면 상태를 정확히 진단하고 그에 대한 최적의 치유 방법을 선택해야 한다.

진화를 통해 인간이 변화했지만 환경도 변화해 왔다. 문명사회의 변화는 자연환경보다 훨씬 더 빠르게 변화하고 있다. 인간 내면과 문명사회 간의 상호작용이 급속하게 이루어지면서 인간과 환경은 그 어느 때보다도 빠르게 변화하고 있다. 건강을 잃은 문명사회는 내면의 건강을 악화시키는 악순환을 거듭하고 있다. 인간의 육체와 자연환경의 건강도 나빠지고 있다. 그럼에도 우리는 건강을 잃은 내면과 문명사회가 이끄는 대로 삶을 추구하며 상황을 악화시키고 있다. 이 장에서는 인간의 내면과 환경을 건강하게 회복할 수 있는 구체적인 방법들을 탐구하였다.

내면의 치료와 치유

내면장애와 질환을 치유하기 위해서는 증상의 유형과 정도에 따라 의학적, 환경적, 인지 심리적 접근법들이 종합적으로 또는 선택적으로 사용될 수 있다. 일반적으로 의학적 접근 방식을 치료라 하고, 환경적, 방식과 인지 심리적 접근 방식을 치유로 구분하기도 한다. 그러나 의학적인 치료에 인지적 · 심리적 방식이 포함되어 있는 경우가 많고 환경조절을 통해서도 치료의 효과를 얻을 수 있다는 점에서 두 개념이 혼용되기도 한다.

다급한 내면질환의 경우 의학적인 도움으로 진정된 상태에 이르렀다 하더라도 장애나 질환 모두 지속적이고 끊임없는 치유를 위한 사회적 환경지원이 필수적이다. 현실적으로 치유가 결코 만만치 않을 수 있다. 정도의 차이는 있지만 내면장애는 자아 무지, 자아 중심, 자아 집착, 사고의 경직, 왜곡과 편협함, 과욕 등의 성향을 보인다. 자신을 포기하거나 자신의 틀을 깨고 밖으로 나오려는 변화의 의지를 발휘하기 쉽지 않다. 효과적이고 지속적인 치료나 치유를 위해서는 확고한 개인 의지와 더불어 교육, 의학, 종교 등 사회적 차원의 제도적 장치가 뒤따라야 한다. 질병 치료에 일정시간 동안 약 복용이 필요하듯이 내면의 치유에도 지속성이 필수적이다.

오늘날과 같이 의학기술과 인지 심리적인 지식이 발달하기 전에는 종교가 주로 치유를 위한 사회적 역할을 담당했다. 지금은 종교와 의학뿐 아니라 상담과 명상 등 인지 심리적인 치료 방법이 다양화되고 있다. 현존하는 다양한 방법에 대한 정보나 직접적인 체험을 통해 자신에게 맞는 최선의 방법을 찾는 것이 중요하다. 우선 다양한 치유 방법 속에 들어 있는 치유의 원리(속 길)를 이해할 필요가 있다. 그 원리를 알면 방법 선택의 과정이 쉬워지고 자신의 상황에 맞는 방법(겉 길)을 찾아 활용할 수 있다.

내면장애와 내면질환 발병의 원리에 따르면 모든 장애나 질환은 인지공간장애에서 비롯된다. 따라서 인지공간을 조절하는 것이 근본적인 치료일 수 있다. 그러나 현대 의학으로는 인지공간을 형성하는 유전자를 조절하거나 그 크기를 조절하는 생체물리학적인 방법이 가능하지 않다.

내면장애와 내면질환의 치료와 치유를 위해서는 자극(환경)이나 '나'를 통제하거나 조절하는 방법을 찾을 수밖에 없다. 편의상 자극을 조절하고 관리하는 방법을 자극 접근법이고, '나'의 감성적, 이성적 기능을 조절하고 통제하는 방법을 '나' 접근법이다. 자극 접근법은 일상생활에서 주어지는 자극들을 제한하는 것이다. 단순하지만 내면장애와 질환의 치유와 예방을 위한 기반이 된다.

'나' 접근법에는 '나'의 감각을 조절하는 방법, '나'의 주의의 집중방향을 조절하는 주의통제 방법, '나'를 기억으로부터 멀어지게 하는 기억대응방법, '나'의 사고를 스스로 조절하여 사고를 진행하거나 중지하는 사고통제방법 등이 있다. 이런 다양한 방법은 종합적으로 활용될 때 더 효과적이다. 방법들을 지속적으로 반복 암송하여 실천을 생활화하는 것이 무엇보다 중요하다.

자극제한법

인지공간장애로 인한 예민한 감각과 기억 강도 과다는 하위로 제반 증상들을 유발하고 '나'를 과도하게 활성화시킨다. 내면의 원리상 자극이 강할수록 감각이 예민하고 기억도 강하게 형성된다. 강도 높은 자극을 피하는 것은 연쇄적인 장애증상들과 '나'의 과활성화를 예방하거나 치유하는 데 도움이 된다. 가능한 강도 높은 자극을 피하는 것이 자극제한법이다.

인간이 창조한 문명의 자극들은 강도가 높다. 발달된 문명일수록 자극의 강도 또한 높아진다. 현대 문명의 복잡한 물리적인 구조와 인간관계 등으로 문명 자극이 많은 도시에서의 삶은 강도 높은 자극에 과다하게 노출된다. 현대 문명과 도시적인 환경은 영화, 게임, 만화, 스포츠, 컴퓨터, 스마트폰, 음악, 그림, 성 등의 강한 자극이 늘 가까이에 도사리고 있다. 순간적이고 단편적인 즐거움은 참기 힘든 유혹이 되어 절제력을 발휘하기 쉽지 않다.

친자연적인 환경은 전체적으로 강도가 낮거나 적정한 자극들로 이루어져 있다. 도시에 비해 상대적으로 자극 강도가 낮고, 자극적인 즐거움을 주는 문명 활동이 적다. 도시보다 불편함은 있으나 육체적인 활동이 많고 단순한 환경과 인간관계로 내적 주의집중이나 내적 사고가 크게 요구되지 않는다. 이런 친자연적 환경은 예민한 감각과 기억강도과다 증상 개선에 도움을 준다. 물질적 주의과다와 비물질적 주의결핍, 내적주의과다와 외적주의결핍 등 2차적 증상도 개선될 수 있다. 나아가 무지, 집착, 내적사고과다 등의 3차적 증상, 그리고 부적응과 대처 및 소통미숙 등의 4차적 증상의 개선도 가능하다. 그 결과 정서과다증과 '나'의 과활성화 치유와 예방에 효과적이다.

감각 조절법

감각 조절법은 일상생활 속에서 감각을 조절하여 내면장애나 질환을 예방하고 치유하는 '나' 접근법이다. 오감의 자극에 대한 인간의 감각적 예민성은 각각 다르다. 인간은 시각보다 청각 자극에 더 예민하고, 청각 자극보다 미각, 후각, 촉각 자극 등에 더 예민하다. 음식은 대표적인 미각, 촉각, 후각의 복합 자극으로서 '나'를 활성화시킬 수 있는 강한 자극이 될 수 있다. 활성화를 방지하거나 낮추기 위해서는 매일 섭취하는 음식이 자극적이지 않아야 한다. 너무 달거나, 짜거나, 맵거나, 쓰지 않고 가능한 가공을 거치지 않은 자연 상태의 음식물을 섭취해야 한다. 생명 유지에 필수적인 공기와 물이 무색무취인 것은 이런 맥락에서 이해될 수 있다. 물과 공기가 강한 자극이라면 '나'는 비활성의 순간을 얻을 수 없다.

초코렛, 술, 담배, 커피, 차 등과 같은 기호식품들은 자극성이 높다. 섭취하면 순간적으로 주의를 많이 끌어 '나'를 특정 생각이나 감정, 또는 스트레스로부터 이탈시켜 기분을 전환시켜 줄 수 있다. 동시에 '나'를 활성화시켜 긍정의 기분을 상승시키고 사고기능을 원활하게 하는 효과가 있다. 이런 효과에 속아 자주 섭취하게 되면 '나'의 활성도가 지속적으로 상승하고 더욱 찾게 되는 악순환이 반복된다. 중독으로 발전할 수 있고 여러 측면에서 신체 건강을 위협하게 된다.

'나'가 감각적으로 예민할수록 자극에 집착하고 쉽게 중독되어 더 강한 자극을 추구하기 쉽다. 그럴 때마다 과감하게 다른 자극으로 주의를 전환시킬 필요가 있다. 일상생활에서는 언제나 다양한 자극들이 있고 자연스럽게 그것들을 느끼게 된다. 주변 상황에 주의를 열어 두면 저절로 느낄 수 있는 것들이다. 자극적인 음식을 피할 수 없을 경우 그로부터 주의를 분산시켜 섭취하려는 노력을 해야 한다. 음식의 맛과 향과 촉감에만 집중하지 말고 주변을 살피거나 상대방과 대화하는 것이 도움이 된다. 음식 맛에 크게 동요하지 말고 생명과 건강 유지에 필요한 에너지를 얻는다는 이성적 사고를 통해 감각을 조절해야 한다. 이와 같은 감각 조절노력은 감정의 과도한 활성화로 인한 정서과다증을 예방하는 효과가 있다.

주의집중법

주의집중법은 하나의 대상에 주의를 집중하는 '나' 접근법이다. 한 곳에 주의를 집중하면 다수의 자극으로 분산된 의식이 거두어져 '나'에게 되돌아온다. '나'는 풍요로운 의식으로 강해지는 한편 활성도가 낮아져 평온해진다. '나'의 의지에 따라 자유롭게 감각하거나 사고에 집중할 수 있게 된다. 책을 소리 내어 읽거나 주기도문이나 염불을 외는 것도 같은 원리로 볼 수 있다. 명상이 집중력 향상에 도움이 되는 것도 같은 원리 때문이다.

주의집중법은 주의가 향하는 방향에 따라 외적 주의집중과 내적 주의집중으로 구분한다. 외적 주의집중은 호흡, 발걸음 등 특정한 신체 동작에 집중하거나, 상징적인 물건이나 자연 등에 집중한다. 스포츠, 노동, 독서, 음악, 미술 활동 등에 집중할 수도 있다. 내적 주의집중은 자신의 내면에 집중하여 자아를 성찰하거나, 대화나 상담으로 생각과 마음을 인식한다. 기독교와 불교의 기도와 명상 등의 방법도 있다.

외적 주의집중의 다양한 방법은 내적주의과다와 내적사고과다 증상 개선에 효과가 있다. 호흡, 발걸음 등 신체 동작에 집중하는 외적 주의집중은 일반적인 명상법으로 알려져 있다. 단일 동작에 집중하여 안정된 마음을 유지함으로써 복잡하고 끊임없는 내적 사고에서 벗어나게 한다.

자연 속에서 완전한 휴식을 취하면서 지속적으로 자연에 집중하는 것 또한 외적 주의집중의 한 방법이다. 자연은 인간의 마음을 적정 수준으로 차분하게 해주는 강도의 감각 자극을 갖고 있다. 자연을 느끼면 '나'가 차분해지고 내면이 안정된다. 하늘, 산, 바람 소리, 물소리, 새소리 등 자연의 무작위 자극에 대해서는 생각할 필요가 없어 사고를 포기하게 된다. 그것에 집중하면 '나'는 평안해질 수 있다. 계곡의 물소리나 파도 소리 등 백색소음을 녹음해서 들으면 불면증 치료에 효과가 있는 것도 마찬가지 원리다.

독서, 음악 감상, 그림 그리기 등과 같은 활동에 집중하는 것도 마음을 평온하게 한다. 육체적인 노동, 등산, 암벽타기, 마라톤, 빠르게 걷기 등 일정 시간 강한 집중을 요구하는 신체 활동일수록 내적 주의 과다와 내적 사고 과다 증상의 개선과 예방에 효과가 더 크다. 인도의 요가나 히말라야산 등반, 산티아고 순례 등은 다소 고통스러운 신체 활동을 통해 정신적인 번뇌로부터 벗어나려는 외적 주의집중의 한 방법이다.

그러나 내면에 장시간 집중하여 복잡하게 사고하는 독서, 학업, 창작 활동은 지양하는 것이 좋다. 지속적이고 강도 높은 정신 활동은 '나'를 이성적으로 활성화시킬 뿐만 아니라 진화적 압력이 발생하여 인지공간을 더욱 성장시켜 장애를 심화시킬 수 있다. 또한 부정의 감정으로부터 벗어나기 위해 과도하게 긍정의 감정을 가져다주는 활동에 집중하는 것도 바람직하지 않다. 좋아하는 활동에 집중하여 즐거움을 추구하다 보면 또 다른 집착으로 이어질 수 있는 부작용이 따른다. 부정적 활성화를 피하기 위해 긍정적으로 활성화하기 때문에 결과적으로 진전은 없는 셈이다.

외적 주의집중은 외부의 실제 상황을 전체적이고 있는 그대로 감각하여 지식을 형성하게 한다. 특히, 시각적인 방법은 일견만으로도 외부의 많은 정보를 통합적으로 습득할 수 있다. 또한 시각적 자극은 청각, 후각, 미각 등 기타 감각과 연결될 수 있는 자극 통합의 기반이 되기도 한다. 나무에 대한 시각적 감각과 기억이 없으면 나무의 소리, 냄새, 촉감 등과 같은 감각 기억들이 나무라는 형상과 연결될 수 없다. 이는 곧 시각 기능이 지적 발달의 근간이 된다는 것을 의미한다. 다양한 조각들이 연결되어 큰 그림으로 형상화되려면 외부의 실제 현상을 통합적으로 인식할 수 있도록 시각적 주의집중이 우선적으로 이루어져야 한다.

외적 주의집중은 과도한 내적 주의집중으로 초래된 외부 상황에 대한 무지와 부적응에 대한 치유 효과도 있다. 인간의 마음과 외부 실제 세계는 복잡할 뿐만 아니라 수시로 변화하기 때문에 지속적이고 충분한 주의집중이 필요하다. 의식적인 외적 주의집중을 통해서 상대방의 마음과 외부 상황을 있는 그대로 감각하고 깨달을 수 있다.

인지공간장애를 지닌 사람이 소통 미숙으로 사회생활에서 큰 어려움을 겪을 수 있다. 직장생활 등 사회적 참여가 어려워 정서적으로 크게 동요되고 사회적인 고립을 초래하여 '나'를 과도하게 재활성화시키는 요인이 된다. 소통 미숙은 물질 자극에 민감한 나머지 정신과 마음에 대한 주의집중의 결여가 원인이다. 따라서 인간의 마음에 대한 의식적인 관심을 기울여야 한다. 물질 자극에 이끌리지 않고 인간의 마음에 집중하도록 주의를 통제해야 한다. 마음이 표출되는 눈이나 얼굴 등에 주의를 집중하여 상대방의 내면 상태를 인식하려는 노력이 요구된다.

소통이 잘 이루어질 때 원만한 대인관계를 유지할 수 있다. 상대방의 말에 집중하고 그에 적절하게 반응해야 한다. 주변의 특정 사물이나 현상에 대해 공동의 관심을 표하고 심리적 유대감을 형성해야 한다. 자신의 생각과 감정을 상대방에게 토로하여 공유할 필요도 있다.

한편 내적 주의집중은 자신을 있는 그대로 바라보고 깨달음을 얻는 자아의식(self-consciousness)을 위한 방법이다. 깨달음을 얻기 위한 자아성찰, 대화나 일기 쓰기, 상담, 최면 등이 그 구체적인 방법이 될 수 있다. 내면에 주의를 집중하여 이와 같이 하는 것은 그 자체로서 '나'를 기억으로부터 멀어지게 하여 그 영향력에서 벗어나 자유롭게 한다. 상대방에게 위로나 공감, 조언 등을 얻어 정서적 안정을 찾을 수도 있다. 내면에 쌓여있는 생각이나 감정을 말하게 함으로써 자신의 마음을 인식하고 해결책을 스스로 찾을 수 있도록 도와주는 일반적인 상담 기법에 내적 주의집중의 원리가 포함되어 있다.

자아성찰과 대화는 자신이 어떤 사람인지 스스로 깨닫게 한다. 자신의 부정적인 마음이 타인이나 환경 때문이 아니라 바로 자신 때문이라는 것도 깨닫게 한다. 이런 깨달음은 자신에 대한 조절력과 통제력을 강화시켜 준다. 반성하거나 위로하는 과정을 통해 심리적 평온과 세상에 대한 긍정적인 시각을 되찾게 한다. 겸손하고 포용적이며 이타적인 마음을 가지게 한다. 나아가 자아 성찰과 이해의 과정은 현재의 삶에 대해 반성하고 새로운 삶의 방향을 찾는 계기가 된다. 외부와 부단한 상호작용을 통해 시야를 넓히고 경험을 확장하여 자신을 새롭게 변화시켜야 할 필요성을 깨닫게 한다.

내적 주의집중의 여러 가지 방법들은 '나'의 활성도가 어느 정도로 낮아진 상태에서 가능하다. '나'의 활성도가 높은 상태에서는 내면에 집중하여 자신을 객관적으로 인식하기 어렵다. '나'의 활성도를 낮춘다는 것은 '나'의 본성을 약화시킨다는 의미다. 활성도가 낮아지면, 본성인 이성과 감성이 약화되어 감성적, 이성적 예민성이 낮아진다. 그에 따라 자극을 감각하고 정서를 느끼며 지식을 형성하려는 감성적, 이성적 욕구가 낮아진다. 결과적으로 '나'가 유아공에 더 가까운 상태를 유지하게 된다. 따라서 '나'의 활성도를 낮추면 감각 과예민성이 낮아짐은 물론 기억의 강도도 낮게 형성된다. 기억강도 과다 이후에 초래되는 하위의 장애 증상 개선이나 내면 질환 치유에도 긍정적인 영향을 미칠 수 있다.

최면은 정신분석이론을 바탕으로 하는 심리 치료다. 내적 주의집중을 유도하는 방법이다. 조용하고 편안한 분위기에서 '나'를 이완시킨 후 지시에 따라 주의와 의식을 모아 내면 깊숙이 숨어 있는 과거의 기억에 집중하여 '문제'의 기억을 찾아내도록 한다. 문제의 기억을 치유하면 현재 '나'의 정신이나 마음을 치유할 수 있다고 본다. 그러나 이런 최면 방법도 '나'가 과도하게 활성화되어 있을 때는 불가능하다. 주의와 의식이 분산되어 '나'가 가용할 의식이 부족하여 집중할 수 없기 때문이다.

'나'의 활성도에 따라 내적 주의집중을 통한 성찰의 가능성은 달라질 수 있다. '나'의 활성도가 가장 낮은 유아공(有我空)의 단계에서는 외부 및 내면의 자극을 있는 그대로 바라볼 수 있다. '나'와 자극이 가장 멀리 떨어져 있기 때문이다. 활성도가 유아현(有我現)에 이르면 외부 및 내면의 자극을 있는 그대로 바라볼 경우와 그렇지 못한 경우가 혼재한다. 자극이 '나'에게 가까워져 영향력을 더 많이 미치기 때문이다. 이 단계에서 외부나 내면의 자극을 있는 그대로 바라보기 위해서는 의식적인 접근이 필요하다. 마지막 세 번째 무아현(無我現) 단계에서는 외부나 내면의 자극을 객관적으로 바라보기가 불가능하다. '나'에 대한 의식적인 통제가 어려운 단계다. '나'와 자극이 함께 붙어 있어 '나'가 전적으로 그 영향에서 벗어날 수 없기 때문이다.

종교적인 기도나 명상 등도 내적 주의집중을 통해 '나'의 활성도를 낮출 수 있는 방법이다. 기도나 명상의 내면 집중을 통해 '나'를 없애거나 내려놓을 수 있다. 기도나 명상에는 주의를 집중할 수 있는 특별하고 구체적인 대상이 존재한다. 기독교의 기도는 신과의 내적인 대면을 통해 무거운 짐을 그에게 맡기고 온전한 자유와 쉼을 얻는 과정이다. '나' 자신을 온전히 신에게 맡기고 무아공이나 유아공의 상태에 이르게 된다.

불교의 명상은 내적 주의집중으로 자신을 비롯해 모든 현상의 근원인 공(空)에 자신을 맡김으로써 공화(空化)하는 방법이다. '나'의 부재를 이루어 무아공이나 유아공의 상태로 이끈다.

기억대응법

기억은 강도가 문제이다. 강한 기억일수록 주의와 의식이 더 많이 끌려가 '나'가 기억에 강하게 연결된다. '나'가 기억의 영향을 더 많이 받게 된다. 기억에 밀착된 '나'는 자신을 객관적으로 볼 수 없어 자신을 알지 못하는 자아 무지에 빠진다. 시의적절하게 자신을 통제하거나 조절할 수 없게 된다.

'나'가 기억에 밀착될수록 과거의 경험이나 지식이 새로운 경험이나 지식 형성에 강하게 영향을 미친다. '나'가 과거로부터 벗어나지 못하고 외부의 현실을 있는 그대로 받아들이기 어렵다. 기억에 조종당하고, 선입견이나 자신만의 시각으로 현실을 왜곡해서 받아들인다. 따라서 기억을 경계하거나 그의 영향을 덜 받는 치유 방법을 찾아야 한다.

기억에 대한 긍정적 해석은 기억에 대응하는 효과적인 방법이다. 기억과 싸워 없애려고 하는 대신 기억을 용서하고 '내 편'으로 만들어 나를 괴롭히지 않도록 하는 방법이다. '다 지난 일이야, 그때는 어쩔 수 없었어, 무슨 이유가 있었겠지, 그럴 수도 있지' 등과 같이 과거의 기억을 너그럽게 수용함으로써 '나'가 그로부터 자유로워질 수 있다.

기억을 적극적으로 공략하거나 전환하는 방법도 있다. 구체적인 예를 들어, 일과를 마치고 씻는 시간에 하루 동안 기억된 '정신과 마음'의 인지 쓰레기를 모두 씻어내는 마음으로 몸을 씻는다. 인지공간을 깨끗하게 또는 '공(空)'하게 만든다는 생각으로 머리를 감는 의식을 행할 수도 있다. 탁구채나 야구방망이 등과 같은 도구 하나를 마음속에 지니고 기억이 '나'를 붙들 때마다 그것을 과감하게 쳐서 날려 버린다. 또 어떤 생각에 빠져 있는 자신을 발견할 때마다 '전환'이라 외치며 주변의 사물과 상황에 관심을 돌려 외적 주의집중을 시도해 보는 것도 좋다. 생각이 많아질 때마다 머리를 좌우로 빠르게 흔들어 생각을 털어내는 것도 기억에 대응하는 구체적인 치유방법이 될 수 있다.

한편 기억에 맞서 직접 대응하는 대신 '나'가 스스로 기억으로부터 멀어져 그 영향으로부터 자유로워지는 방법도 있다. 이 방법은 자극제한법, 주의집중법 등을 통해 '나'의 활성도를 낮춤으로써 가능하다. '나'의 활성도가 낮아지면 감각성이 낮아진다. 외부의 자극뿐만 아니라 기억이라는 내면의 자극에 대한 감각도 약해진다. 결국 기억과의 연결이 약해져 영향을 덜 받게 된다.

이런 방법들을 통해 스스로 기억을 경계하고 끌려다니지 않으면서, 현실에 집중할 수 있다면 기억으로부터 더욱 자유로울 수 있을 것이다. 과거에 대한 기억은 '나'가 재방문하여 강화하지 않는다면 시간의 흐름과 더불어 약화된다. 현실을 경험하면서 새로 형성되는 기억들로 인해 과거의 기억은 밀려날 수도 있다. '지금 여기'의 현실에 집중하여 있는 그대로의 경험을 통해 새로운 기억을 늘려간다면 과거의 기억으로부터 더 멀어질 수 있다.

사고통제법

사고통제법은 '나'의 사고를 조절하여 활성도를 낮춤으로써 내면장애장애 증상들을 예방하거나 치유하는 방법이다. 사고통제법은 크게 두 가지로 구분할 수 있다. 하나는 사고중지법이고 다른 하나는 지식형성법이다.

사고중지법 중 하나는 사고기능을 가능하게 하는 두뇌의 신경 화학물질을 조절하는 것이다. '나'의 이성작용과 감성작용은 모두 신경화학물질을 통해 이루어진다. 신경 화학물질의 분비를 줄이면 사고기능과 예민성이 약화되어 '나'의 활성도가 낮아진다. 이 방법은 과도한 내적 사고로 왜곡되고 분열된 사고나 판단력이 현저히 떨어진 내면 질환의 치료에 효과적이다. 내면 질환의 경우, 특정 약물을 사용하여 이성이나 감성작용에 관여하는 신경화학물질을 조절함으로써 '나'를 무아현의 상태에서 유아현이나 유아공의 상태로 낮추는 것이 무엇보다 우선되어야 한다. 이런 의학적인 치료는 근본적인 치료는 될 수 없지만 '나'의 활성화를 원하는 단계로 가장 신속하고 효과적으로 낮출 수 있다.

수면은 사고를 완전하게 정지시켜 '나'의 활성화를 낮추는 일상적인 방법이다. 수면은 무아공(無我空)의 상태로서 '나'의 활성도가 제로이다. 잠을 자면 이성과 감성 모두 정지되어 자극을 느낄 수 없고 생각할 수 없다. '나'의 기능이 모두 정지된다. 충분한 수면은 '나'의 활성도를 낮출 수 있거나 적어도 그 이상으로 활성화되는 것을 막을 수 있다. '나'가 지속적으로 활성화된 사람일수록 불면증을 경험하기 쉽다. 수면 유도 약물을 복용해서라도 수면이 필요하다.

'나'가 활성화되고 현상집착이 강할수록 짧은 인생에 잠자는 시간을 아까워하며 몸과 마음 모두 쉼 없이 움직이는 경향이 있다. 그러나 인생의 1/3 정도의 시간은 잠을 자도록 되어 있다. 수면은 육체는 물론 내면의 건강과도 깊은 관련이 있다. 활동하는 낮시간 동안 내내 활성화되어 있는 '나'와 몸이 잠을 자지 않는다면 계속 활성화되어 건강을 잃게 될 것이다. 수면은 완전한 내면의 휴식을 가능하게 하고 활성화된 몸과 내면을 다시 정상으로 되돌려 준다. 컴퓨터를 켠 채로 계속 놔두면 과열되어 정상작동을 할 수 없는 것처럼 수면은 인간의 몸과 내면을 과열로부터 막

아주는 생물학적 스위치다.

수면 다음으로 일상생활 속에서 사고를 중지시킬 수 있는 방법은 스스로를 유아공(有我空) 상태로 유도하는 것이다. 유아공(有我空)은 수동적인 감각은 살아 있으나 적극적인 감각 작용이 없고, 이성 및 감정 작용도 없는 상태를 말한다. 마치 잠들기 직전 상태와 같다. 눈을 감은 채 숨을 크게 들이마시고 내쉬면서 잠이 들기 전 상태로 자신을 유도하여 그 상태에 머물면 '나'의 활성도가 낮아진다. 평온한 마음에 도달하기 위해 행하는 다양한 명상 속에도 이런 원리가 들어 있다.

신속하게 유아공(有我空)에 이를 수 있는 유아부동공(有我不動空)의 방법을 만들어 사용해도 좋다. 몸의 움직임을 순간 정지시키는 것처럼 '부동(움직이지 마)'이라 외치며 '나' 자신을 순간 움직이지 않는 '멈춤' 상태로 만드는 것이다. '나'의 본성을 정지시켜 유아공(有我空) 상태가 되는 것이다. '멍때리기'는 유아부동공(有我不動空)의 한 방법이다. '멍때리기'는 자신의 존재가 느껴지고 외부에 대한 감각도 열려 있는 상태다. 정신이나 마음 작용은 나타나지 않는다. 눈을 감은 것도 뜬 것도 아닌 상태에서 좌선을 하고 있는 부처상은 전형적인 유아부동공의 멍때리기를 구현하고 있는 모습으로 볼 수 있다.

유아부동공(有我不動空)의 방법은 일상생활 속에서 다양하게 응용할 수 있다. 마음속으로 '건강에만 집중하고 나머지는 신경 끄고 멍 하게 살자'라는 구호를 주문처럼 반복하며 노력하는 것도 한 방법일 수 있다. '나'가 부동의 상태를 유지하면 분산된 주의와 의식을 모두 회복하여 '나'가 가장 강해지고 원하는 곳에 자유롭게 집중하여 사고할 수 있다. '나'가

부동의 마음을 놓지 않는 한 어떤 자극이나 생각도 '나'를 활성화시킬 수 없다. '나'는 말뚝에 몸을 묶어놓고 로프에 의지하여 절벽을 타는 사람처럼 그 줄을 놓지만 않으면 된다. 갑자기 번뇌의 낭떠러지로 떨어질 일도 없다. 이리저리 밀면 미는 대로 흔들리겠지만 다시 중심을 잡는 오뚝이가 되는 것이다.

유아공(有我空)이나 유아부동공(有我不動空)의 방법을 수행하게 된다면 '나'는 반응도 없고 생각도 없고 감정도 없는 바보처럼 보일 수 있다. 나에게 누가 이유 없이 욕하거나, 부당하게 화내거나 심지어 때려도 나는 그에 대응하지 않는다. 잠시 바람이 스쳐 지나갔다는 자세로 흔들림이 없다. '나는 없다, 나는 바보다' 라는 마음으로 일관하면 된다.

유아공 또는 유아부동공의 겸손한 자세로 상대방의 입장과 생각을 있는 그대로 받아들이려는 노력은 소통 미숙의 개선에 효과적이다. 이런 노력은 상대에 대한 포용력이 커지는 결과로 이어진다. 다시 상대방이 나를 인정하고 수용하는 피드백으로 인간관계가 더욱 원활해진다. 사람들은 모두 다르다고 생각하고 다양성을 판단하지 않고 있는 그대로 인정하고 수용하는 것이 중요하다. 상대방을 내 생각에 비추어 판단하는 순간 '나'가 흔들리게 된다. 그에 대한 강한 기억이 형성되어 그 기억에 붙들리게 되고, 이어지는 상호작용에 다시 부정적인 영향을 미쳐 소통을 악화시킨다. 적을 용서하고 사랑할 필요가 있다. 또 사람들과의 일상적인 대화는 대부분 크게 신경 쓸 필요가 없는 사소한 것들이다. 일일이 시시비비를 가릴 필요가 없다. 그럴 필요가 있다 해도 상대방과의 소통악화로 인한 내면의 갈등을 피하는 것이 우선이다.

한편, 지식형성을 통한 사고통제법은 세계의 실상과 삶의 목적에 대한 지식 또는 사실을 깨닫거나 믿는 방법이다. 이 방법은 '나'의 이성의 힘을 강화시켜 활성도가 스스로 낮아지도록 한다. 이를 위해서는 세 가지 사실에 대한 믿음이나 깨달음이 필요하다. 하나는 세계 전체의 실상에 대한 지식이다. 이는 세계를 있는 그대로 보고 그 실상을 깨닫거나 믿음으로써 형성된다. 세계는 근원과 현상으로 구성되어 있고 근원으로부터 모든 현상이 나타났다는 깨달음이나 믿음은 인간의 의식을 근원에까지 확장시키고 현상에 대한 집착을 약화시킨다.

다음은 현상이 유한하다는 사실이다. 이에 대한 믿음이나 깨달음은 현상에 대한 집착을 약화시키는 한편, 유한한 생명에 대한 소중함을 느끼게 한다. 이름 모를 작은 풀 한 포기, 개미 한 마리까지 작은 생명체들도 소중하고 측은하게 생각하고, 자신이 살아 있다는 것과, '나'를 살아 있게 해주는 모든 것에 감사하는 마음을 가질 수 있다. 이런 마음은 '나'의 활성도를 낮추어 주고 기억이 강하게 형성되는 것을 막아 준다.

마지막으로 현상에서 유한한 삶을 살아야 하는 인간에게 가장 중요한 것은 생명과 건강이라는 평범한 사실이다. 이를 깨닫거나 믿고 그에 집중하면 '나'의 활성도는 낮아지고 오직 생명의 안녕과 건강을 위해서 살고 사소한 것들에 집착하지 않게 된다.

지식형성을 통한 사고통제 방법은 종교의 핵심적인 가르침이자 내면 치유 방법이기도 하다. 불교와 기독교는 세계가 근원과 현상으로 구성되어 있고 현상은 근원에서 비롯되었다는 믿음을 가지고 있다. 근원의 정체에서 공과 신이라는 차이가 있을 뿐이다.

두 종교 모두 세계의 전체 실상에 대한 믿음이나 깨달음을 통해 현상의 집착과 고통에서 벗어나게 한다. 불교는 공즉시색의 깨달음에서 공(空)에 집중하고 자신을 포함한 모든 색을 공화(空化)하여 현상에 대한 집착을 없애는 치유 방법을 사용한다. 느낄 것도 없고 생각할 것도 없으며, 이성과 감성이 비활성화된 정신과 마음 상태로 흔들림이 없고 흔적도 없는 부동무색(不動無色)의 공(空)이 되는 것이다. '나'는 좋고 싫음, 옳고 그름 등 어떤 판단에도 집착하지 않을 수 있다. '나'가 없으므로 어떤 자극, 생각, 감정이 나에게 와도 내 안에 머물지 않고 그대로 흘러가 버리게 될 것이다.

기독교는 신과 피조물의 관계에 대한 깨달음에 기초한 치유 방법을 사용한다. 근원이자 창조주인 신에게 자신의 모든 문제를 맡기고 신의 말씀, 곧 진리를 믿고 따라 살면 대자유의 마음을 얻을 수 있다. 신의 존재를 믿는 사람은 그 앞에서 마음을 비우고 겸손할 수밖에 없다. 빈 마음은 '가난한 마음'이다. 나에 대한 신의 사랑을 믿음으로써 현실의 역경이나 불행에도 넘어지지 않고 끝까지 인내하면서 지혜롭게 극복해 나갈 수 있는 위안과 용기를 얻는다.

종교적 치유를 선택할 때 불교와 기독교의 이런 차이를 고려할 필요가 있다. 불교의 공(空)은 비인격적이고 소통 불가능한 객관적인 실체이기 때문에 공으로부터 기대할 것이 없다는 점에서 냉철하다. 차가운 이성이 더 지배적이고 오직 수행자의 역량에 따라 치유되는 수행자 중심의 치료법이다. 반면 기독교의 신은 진리로서의 차가운 이성적 접근도 요구되지만 인격적이고 소통이 가능한 주관적인 실체다. 따라서 인간적이고 따뜻한 감성적 치유가 주를 이룬다. 신의 보호와 은총에 의지하고 그에 따라 치유되는 신 중심의 치료법이다. 이성적 활동을 통해 스스로 공의 실상을 체험하고 자유와 평온의 마음을 회복하고자 하는 사람은 불교를 선택하면 되고, 따뜻한 위로와 보호를 통해서 평온한 마음을 회복하고자 하는 사람은 기독교를 선택하면 효과적일 수 있다.

감사하고 사랑하기

모난 돌이 정 맞는다. 지나치게 예민할 땐 사소한 자극도 큰 스트레스가 될 수 있다. 따라서 스트레스를 너무 많이 받는다면 '나'가 과활성화되어 지나치게 예민하다는 것을 자각하고 이에 대처해야 한다. 나에게는 정을 치는 사람, 즉 나에게 과도한 스트레스를 주는 사람은 '나'가 활성화되어 모가 나 있다는 상태를 알려주고 나로 하여금 그에 대처하도록 신호를 주는 매우 고마운 존재이므로 오히려 그에게 겸손하게 머리 숙여 감사해야 한다. 그러는 순간, 나의 모는 사라지고 나는 둥그러진다. '나'는 낮아지고 비워지는 한편 돌아온 주의와 의식으로 가득하여 중심은 더 강해지고 흔들림이 멈춘다. 그러므로 나에게 정을 치는 적들을 사랑하는 것이 '나'가 둥그러지는 방법이다.

내면 건강을 위한 사회 정서적 지원

내면장애를 치유하거나 내면 질환을 예방하고 치유하는 과정에서 무엇보다도 중요한 것은 스스로, 그리고 주변으로부터의 끊임없는 정서적인 지원이다. 인지공간장애를 지니면 인지적 또는 사회적 측면에서 원활한 수행이 이루어지기 힘들어 부정적인 경험을 많이 하게 된다. 이런 경험은 위축이나 열등감, 자신감이나 자존감의 상실 등으로 이어진다. 다시 자기 학대나 비하, 삶의 의미 상실 등 심각한 정서적 어려움을 겪을 수 있다. 또 지적 능력이 높을수록 인지공간장애에 따른 완벽주의 성향이 강하다. 잘 하는 영역과 장애 영역 간에 성취의 격차를 크게 인식하여 그에 따른 좌절감을 크게 느끼기 때문에 자기 학대나 삶의 의미 상실은 더욱 커진다. 따라서 주변의 이해뿐만 아니라 스스로 그런 자신을 이해하고, 위로와 위안, 칭찬과 사랑, 포용과 격려, 지지와 응원 등의 정서적 지원을 할 수 있어야 한다. 이를 위해서는 인간은 누구나 부족한 부분을 지니고 있고 그것이 흠이 아니라는 점을 이해해야 한다. 있는 그대로의 자신을 자신과 타인에게 모두 솔직하게 인정하게 하며 부족한 부분(장애증상)을 향상시키거나 극복할 수 있는 방법을 찾아 실행하는 노력을 기울여야 한다.

동시에 강점이나 관심에 기초하여 좋아하거나 잘 할 수 있는 일에 집중하여 성취감이나 자존감을 회복하고 삶의 가치나 자신의 존재 가치를 느낄 수 있어야 한다. 그와 관련된 사회적 활동이나 직업 활동, 유사 프로그램에 참여하도록 하는 등 사회적 지원이 필요하다. 시행착오에 대해서는 관대하며 스스로 일상생활과 지역 사회에 대한 경험을 확대해 갈 수 있는 시간과 기회를 제공해야 한다. 특히, 발달 단계상 아직 어리고, 장애가 심하거나, 지능이나 언어 수준이 낮을수록, 일생을 통해 치료나 치유가 진행되어야 하기 때문에 인내와 여유를 가지고 장애 치료나 치유를 지속해야 한다.

내면 질환 재발 방지

내면 질환은 재발하기 쉬운 특징이 있다. 치료나 치유 못지 않게 재발 방지가 중요하다. 질환으로 인한 심각한 증상은 치료되었으나 인지공간장애로 감각, 사고, 정서 등 전반에 걸쳐 어려움이 있고 그로 인해 직장과 학업과 일상생활에서 부적응을 초래할 수 있다. '나'가 극단적인 활성화 상태에서 벗어나긴 했지만 여전히 장애 증상들은 남아 있기 때문에 환경적으로 '나'를 급격히 활성화시킬 수 있는 사건이나 활동을 경험하지 않으면서 정서과다증을 포함한 다양한 장애 증상들을 꾸준히 치료하거나 치유하는 것이 필요하다. 즉, 사후 재발방지를 위한 노력의 핵심은 '나'의 활성도가 다시 증가하여 극단에 이르지 않게 하는 것이다.

이를 위해 항상 자신의 활성화 상태를 점검하고 인지하는 노력이 습관화되어야 한다. 자신이 과도하게 활성화되었다고 인식되면 그 이유를 파악하고 자신의 활성도를 낮추는 노력을 기울여야 한다. 물론 자신의 활성도를 점검하고 인식하며 그 활성도를 낮출 수 있는 실질적이고 자신에 맞는 구체적인 방법을 사전에 갖추고 있어야 함은 당연하다.

〈사고통제법의 구체적인 사례〉

생각이 많아지고 활성화가 될 때 쉽게 사용할 수 있도록 반복하여 암송함으로써 기억을 강화할 수 있는 챈트(chant)들

1. 유아공(有我空)

(눈을 감고 '나'에 집중하고 숨을 내쉴 때마다)

'내려가자 내려가자 가장 낮은 그곳까지'

'내려가자 내려가자 나의 집 유아공으로'

2. 부동(不動)

'부동(不動)!', '나는 움직이지 않는다'

'부동(不動)!', '나는 흔들리지 않는다'

'부동(不動)!', '나는 움직이지 않는다'

'부동(不動)!', '나는 흔들리지 않는다'

'멈춰라. 빠져나오라!'

'멈춰라. 전환!'

'멈춰라. 빠져나오라!'

'멈춰라. 외적주의!'

'멈춰라. 빠져나오라!'

'멈춰라. 전환!'

'멈춰라. 빠져나오라!'

'멈춰라. 외적주의!'

3. 멍때리기

'멍하게 살자. 바보처럼'

'멍하게 살자. 신경을 끄자'

'멍하게 살자. 바보처럼'

'멍하게 살자. 신경을 끄자'

4. 오뚜기

'나는 오뚜기. 다시 제자리'

'오직 건강뿐. 흔들릴 필요 없다'

'나는 오뚜기. 다시 제자리'

'오직 건강뿐. 흔들릴 필요 없다'

5. 바보

'나는 바보다. 그저 웃는다'

'나는 바보다. 생각이 없다'

'나는 바보다. 판단이 없다'

'나는 바보다. 그저 웃는다'

'나는 바보다. 생각이 없다'

'나는 바보다. 판단이 없다'

6. 깨달음

'깨달아라. 깨달아라. 세계에는 근원과 현상이 있고 근원으로부터 모든 현상이 나타났다는 것을.'

'깨달아라. 깨달아라. 현상의 모든 존재들은 때가 되면 나타나고 때

가 되면 사라진다는 것을.'

'깨달아라. 깨달아라. 현상의 나에게 가장 중요한 것은 오직 생명과 건강뿐이라는 것을.'

'잊지마라. 잊지마라. 세계에는 근원과 현상이 있고 근원으로부터 모든 현상이 나타났다는 것을.'

'잊지마라. 잊지마라. 현상의 모든 존재들은 때가 되면 나타나고 때가 되면 사라진다는 것을.'

'잊지마라. 잊지마라. 현상의 나에게 가장 중요한 것은 오직 생명과 건강뿐이라는 것을.'

7. 믿음

'믿어라. 믿어라. 세계에는 근원과 현상이 있고 근원으로부터 모든 현상이 나타났다는 것을.'

'믿어라. 믿어라. 현상의 모든 존재들은 때가 되면 나타나고 때가 되면 사라진다는 것을.'

'믿어라. 믿어라. 현상의 나에게 가장 중요한 것은 오직 생명과 건강뿐이라는 것을.'

'잊지마라. 잊지마라. 세계에는 근원과 현상이 있고 근원으로부터 모든 현상이 나타났다는 것을.'

'잊지마라. 잊지마라. 현상의 모든 존재들은 때가 되면 나타나고 때가 되면 사라진다는 것을.'

'잊지마라. 잊지마라. 현상의 나에게 가장 중요한 것은 오직 생명과 건강뿐이라는 것을.'

환경의 치료와 치유

'인간중심 문명사회'를 추구해온 오늘날 삶의 환경은 심각한 장애나 질환의 위기에 처해 있다. 자연환경은 심하게 오염되거나 파괴되고 있고, 사회 환경은 인간을 끊임없이 번뇌하게 하며, 문명이 무분별하게 확산되어 있다. 가장 중요한 생명 안전과 건강이 크게 위협을 받고 있다. 인류의 생존 자체를 위태롭게 하는 환경에서 살고 있는 것이다. 건강하지 못한 삶의 환경의 치료나 치유가 시급하다.

인간의 내면 장애처럼 자연환경의 장애는 완전히 치료하거나 치유할 수 없다. 지구 오존층의 과도한 파괴는 복구될 수 없고, 사막을 생명의 땅으로 온전히 되돌릴 수 없다. 극지방의 빙하 소실 또한 현재 인간 능력으로는 어찌할 도리가 없다. 이런 장애가 더 심해지지 않도록 관리하는 노력이 필요하다. 이산화탄소 발생을 억제하는 한편, 사막화 진행을 막기 위해 도시를 더 이상 확장하지 않도록 해야 한다. 지구촌의 모든 사회가 친환경 에너지 개발에 주력하고, 에너지 절약을 생활화하고 낭비 요소를 근절하며, 대도시를 분산하여 자연친화적인 환경을 조성해야 한다.

한편 공기, 물, 바다, 땅 등의 오염으로 초래된 환경질환들은 치료를 위한 구체적인 노력이 필요하다. 환경질환은 무분별하고 맹목적인 문명 추구의 결과이므로 인간에게 가장 중요한 가치를 유지하고 회복하기 위해 필요한 문명만을 창조하는 것이 유일한 길이다.

문명 환경인 사회의 질환들을 치료하기 위해서는 먼저 과도한 내적 사고를 야기하는 환경을 변화시켜야 한다. 언어적인 학습활동이나 창의활동을 제한하고, 무분별하게 이루어지고 있는 학문, 예술, 교육 등을 제한해야 한다. 또한 복잡한 사회 환경의 재구조화가 필요하다. 생명과 건강의 유지 및 회복에 필요한 문명중심으로 사회를 단순하게 조성하고, 그 밖의 문명들은 규모를 축소하거나 해체해야 한다.

에필로그

21세기 인류의 선택

인류는 지금 사회위기와 자연환경 파괴로 생존 위기에 직면해 있다. 우리는 진리, 즉 사실적인 상호관계성의 원리를 통해 이 위기를 극복하고 지속 가능한 삶의 길을 모색하였다. 먼저, 생명의 존재적 원리를 통해 시대와 장소를 떠나 인간에게 가장 중요한 최고의 가치이자 삶의 목적이 무엇인지를 찾고, 생명의 상호작용의 원리를 통해 그 최고의 가치를 지키며 살 수 있는 영원한 삶의 길이 무엇인지 밝혔다. 또 생명의 변화의 원리를 통해 인류와 사회가 처음 어디에서 왜, 어떻게 변화되어 오늘과 같은 위기 상황에 이르게 되었으며 건강을 잃은 우리의 내면과 환경을 어떻게 치유할 수 있는지 그 방법을 탐구하였다.

먼저 우리는 생명과 건강을 최고의 가치이자 삶의 목적으로 삼고 오직 그 목적을 위해 살아야 한다. 다음으로 우리는 자연 만물의 근원의 존재와 현상의 유한함을 깨닫고, 생명과 건강을 유지하거나 회복하는 데 필요한 문명만을 창조해야 한다. 마지막으로 우리는 건강을 잃은 내면과 삶의 환경을 치료하거나 치유해야 한다.

우리가 모두 이런 삶으로 전환하게 된다면 자연환경이 더 이상 오염되거나 파괴되지 않고 현 상태를 유지할 수 있을 것이다. 인류의 위기를 피하는 것은 물론 개인, 집단, 국가 단위에서 발생하는 대립과 충돌의 문제도 해결되어 건강한 지구촌사회로 회복될 수 있을 것이다.

이런 삶을 살게 된다면 우리는 안전하고 건강할 뿐만 아니라 단순하고 여유로울 수 있을 것이다. 문명자체를 맹목적으로 추구하지 않게 되어 그동안 우리의 어깨를 무겁게 짓눌렀던 과중한 정신적, 육체적 노동으로부터 해방될 것이다. 과도하게 진리를 탐구하거나, 가르치고 배우거나, 끝없이 새로운 생각을 할 필요도 없어질 것이다. 밤늦도록 일할 필요도 없을 것이다. 부나 명예나 권력을 부러워할 필요도 없다. 가진 자 또한 큰 소리 칠 일도 없게 될 것이므로 만인이 평등할 것이다.

우리는 어떻게 이런 삶으로 전환할 수 있을까? 영원한 삶의 목적과 길을 찾았다 하더라도 그 자체만으로는 우리 모두 현재의 상황에서 그 목적을 향해 실제로 나아갈 수 없다. 그 길을 실제로 걸어갈 수 없다면 우리가 꿈꾸는 질서 속에서 지속 가능한 삶은 실현될 수 없을 것이다. 따라서 우리는 인류 모두가 그 영원한 삶의 목적을 향해 나아가고, 영원한 삶의 길로 복귀할 수 있는 현실적인 방법을 찾아야 한다.

21세기 위기는 전 세계적인 위기이기 때문에 특정 개인, 집단, 국가 등 일부의 노력만으로는 해결될 수 없다. 지구촌사회에 살고 있는 모두가 함께 참여해야 한다. 지구촌사회의 단일통합정부의 설립이 그 해결책이다. 하나의 가치, 하나의 삶의 목적, 하나의 삶의 길 아래 통합되지 않는다면 새로운 전환의 꿈은 실현될 수 없다. 단일통합정부란 크고 작은 다수의 자의적인 인간 통치권으로부터 유일하고 영원한 진리 기반의 통치권으로의 이동을 의미한다.

이런 지구촌사회의 단일통합정부를 세우는 일은 특정 개인이나 집단, 또는 국가가 할 수 있는 일이 아니다. 이에 우리는 함께 깨어나 영원한 삶의 길을 알려 주는 진리의 횃불을 높이 들고 그 아래 하나가 되어야 한다. 누구도 저항할 수 없는 진리의 무기로 인간의 자의적인 통치권에서 벗어나기 위한 의식혁명, 최후의 혁명, 진리혁명을 해야 한다. 진리에 대한 신념을 가지고 진리에 따라 삶을 살 것을 결단해야 한다. 지구촌사회를 하나로 연결하고 있는 인터넷망을 통해 시민 한 사람 한 사람이 그 영원한 길로 소통하고 공감하여 단일 통합정부의 시민으로 가입하는 시민혁명을 통해 평화적으로 이루어져야 한다.

현실을 고려할 때, 단일통합정부는 현 국제연합(United Nations)을 활용하여 위계적 조직을 갖추는 방식으로 진행될 수 있다. 지구촌사회의 단일통합정부는 그 정점에 지속가능한 삶을 구현할 통치 본부가 위치하고 그 이하는 지구촌사회의 개별 국가들로 편성되어야 한다. 통치 본부와 개별 국가들 또한 위계적 구조로 조직되어야 한다. 조직의 정점에는 정치가 있고 경제, 종교, 학문, 교육, 예술 등 사회의 주요 분야들은 그 정치의 하위 영역으로 통합 조직되어야 한다. 이는 곧 통합정부의 조직과 개별 정부의 조직이 같은 형식을 갖도록 해야 할 것이다. 두 정부의 목적 또한 영원한 삶의 목적을 구현하는 것으로 동일해야 한다. 정부는 하위의 모든 주요 분야를 통합 관리하고 시민 대중을 통치하여 그 하나의 목적 달성을 위해 노력해야 한다. 지금 우리 인류는 마지막 선택의 기로에서 있다.